钟翠萍◎主编

融合之洺

广东广播的
实践和探索

暨南大学出版社
JINAN UNIVERSITY PRESS

中国·广州

图书在版编目（CIP）数据

融合之路：广东广播的实践和探索/钟翠萍主编．—广州：暨南大学出版社，2017.11

ISBN 978 - 7 - 5668 - 2229 - 1

Ⅰ.①融…　Ⅱ.①钟…　Ⅲ.①广播事业—研究—广东　Ⅳ.①G229.276.5

中国版本图书馆 CIP 数据核字（2017）第 258202 号

融合之路：广东广播的实践和探索
RONGHE ZHI LU：GUANGDONG GUANGBO DE SHIJIAN HE TANSUO
主　编：钟翠萍

出　版　人：徐义雄
策划编辑：李　战
责任编辑：邓丽藤
责任校对：何利红
责任印制：汤慧君　周一丹

出版发行：暨南大学出版社（510630）
电　　话：总编室（8620）85221601
　　　　　营销部（8620）85225284　85228291　85228292（邮购）
传　　真：（8620）85221583（办公室）　85223774（营销部）
网　　址：http://www.jnupress.com
排　　版：广州市天河星辰文化发展部照排中心
印　　刷：佛山市浩文彩色印刷有限公司
开　　本：787mm×1092mm　1/16
印　　张：10.875
字　　数：160 千
版　　次：2017 年 11 月第 1 版
印　　次：2017 年 11 月第 1 次
定　　价：35.00 元

"广播+"的无限可能

——广东广播在互联网时代的融媒实践和探索(代序)

广东广播电视台副台长　曾少华

在中国广播的发展历程中,从来没有一项技术能够如同互联网一样,只用短短几年时间就改变了广播的传媒格局,并引发了广播行业革命性的转变。在这样一个机遇和挑战并存的时代,媒体融合成为中国广播发展的必由之路。正因着力于不断提升融媒体时代的广播影响力,广东广播在2014年初首次提出了"广播+"战略思路,明确以"广播+"的思路来做"互联网+",强调以广播为主体,进行主动融合而不是被动式被"+",以此在互联网时代全方位拓展广播的发展空间,提升广播的影响力。三年多来,广东广播在"广播+"战略的指导下,对广播的内容、渠道、平台、经营、管理等各方面的深度融合进行全面的探索和实践,初步形成了广东广播新的发展生态,这就是:处处听得到的广播,常常看得见的广播,时时有温度的广播,人人谋创新的广播。

一、处处听得到的广播:"互联网传播渠道+新媒体平台"

广东广播凭借着60多年的发展历史和广泛的社会影响力,以及珠江经济台、羊城交通台、音乐之声等众多品牌,在广东广播收听市场一直占据绝对优势,综合覆盖人口超过一亿。但在互联网时代到来之前,由于广播的渠道和平台仅限于收音机和车载,拓展的空间相对有限;而互联网技术的出现大大拓展了广播的平台和渠道,使广东广播成为处处都能听到的广播:①收听渠道:从固定到移动,从单一到多样,从刚开始仅限于收音机、车载到现在拓展至电脑、手机等现代化多种终端;②收听范围:从区域限制到全球性覆盖;③收听对象:从听众到用户(被动接受者—主动选择者—参与制作者)。

在"广播+"的思路指导下,广东广播开辟了荔枝台·广东广播在线(RGD)官方网站、官方微博、官方微信、手机客户端等多个新媒体平台及电商平台,并且整合新媒体资源,成立"珠江网络传媒"。通过新媒体渠道和平台的运营拓展,广东广播成为处处听得到的广播,努力实现"群众在哪里,新闻舆论工作就做到哪里"。

二、常常看得见的广播:"线下活动+视频制作+新媒体传播"

以前,由于广播媒介的属性仅限于声音的传播,因此人们只能听到而无法看到广播;如今,互联网技术拓展了广播媒介的属性,让广播不仅能被听见,还能被看见。广东广播充分利用融媒体技术,借助新媒体平台,根据节目或活动的需要,变原来单一的音频传播为"音频+视频"的复合传播,使得人们不仅处处听得到广播,而且常常看得见广播。

2016年,广东广播在纪念建党95周年的宣传报道中,除了常规的广播节目,还通过融媒体传播手段,组织全省地市台和各地群众参与线上线下的活动,并以融媒传播方式彰显主流媒体平台的影响力和号召力。同时,广东广播还与高校联合策划组织了大学生"千人拼党旗"等创意活动。7月1日上午,广东广播与广州大学及社会各界群众3 000多人在广州大学城运动场举办"千人拼党旗"活动,将"七一"纪念活动推向高潮,现场画面气势恢宏,珠江网络传媒出动多架无人机对这次活动进行航拍,并制作成视频在台内外各个新媒体平台上传播。该视频不仅被中央电视台、新华网等多家中央媒体报道转载,还在网络上刷屏了。这次媒体、高校和社会群众联合开展党建活动的新尝试,使广播的主题报道拓展了传播空间,而这种"线下活动+视频制作+新媒体传播"的方式让听众成为观众和用户,大大提升了广播的传播力和影响力。

2015年"双11"时的"广东广播电商狂欢节"特别广播节目,除了广播节目直播,还通过官方微信图文及短视频进行直播,主持人运用新媒体在视频直播里展示电商产品及服务,并与用户进行互动,打造了一场电商狂欢盛宴,创造了"电台直播节目+互联网传播+电商"的广播电商新模式，尝试从传播领域跨界到消费领域，引发业界关注。在"双11"期间，广东广播所有频率的收听率平均增长了170%以上，最高增幅甚至超过了300%。

三、时时有温度的广播："爱心传递＋文化传承"

广播要有温度，因为这是党的宣传阵地，因为广播人是有责任、有使命的传播者，践行、传播和培育社会主义核心价值观是广播作为主流媒体的职责使命和广播人应有的责任担当。新媒体技术与平台的运用，为广播人创造了更好的传播条件。2013年以来，广东广播9个广播频率及珠江网络传媒等新传媒平台合力打造的年度大型公益行动品牌"大爱有声"举办了数百场公益活动，并制作成广播、网络、手机、电视等全媒体共享的音视频系列节目，进行全方位立体传播。

"大爱有声"已经成为广东广播爱心活动的重要品牌，积累了丰富的公益行动经验，能够广泛动员社会各类资源。2016年7月，湖北灾情严重，羊城交通台与广东狮子会、湖北交通广播共同发起"大爱有声·狮援灾区"爱心赈灾活动，得到了众多社会组织、爱心企业和个人的积极参与和捐赠，短短三天就筹集到急需物资，原计划筹集10吨赈灾物资，最后筹集到的物资超过了15吨。7月12日，爱心车队满载15吨赈灾物资从广州出发，历经16个小时，将爱心物资送往湖北武汉、黄冈等灾区，彰显了广东广播作为省级媒体的社会责任和担当。

爱心车队车辆由羊城交通台节目主持人亲自驾驶，广东广播电视台的广播、电视、新媒体等多个类型的媒体记者跟随，以全媒体的报道方式实时报道救灾进展情况：现场连线报道12次，穿插滚动播出时长96分钟，互联网音视频同步直播38分钟，编发新媒体稿件14篇，点击量近万次，接听捐助咨询电话121个。

"大爱有声"这一公益品牌凝聚社会力量，温暖人心，通过线上线下互动、跨平台、融媒体报道，弘扬社会正能量，大大提升了广东广播整体的品牌形象和社会影响力，产生了广泛的社会影响，目前已吸引了近300家机关、企事业单位和社会公益机构参与，同时也得到了上级的充分肯

定，被国家新闻出版广电总局评为 2015 年全国十个广播创新创优节目之一。

广东广播还通过组织融媒体活动来传承岭南文化。粤语讲古（北方的说书）曾是 20 世纪 80 年代广东广播的王牌节目，著名粤语讲古大师张悦楷、林兆明等在广东人民广播电台播讲古典长篇小说《三国演义》《西游记》《水浒传》等作品，将粤语讲古艺术推向了巅峰，当年创造了省内万人空巷"听古仔"的奇观。粤语讲古作为非物质文化遗产，需要培育新人，以传承发展下去。2016 年 9 月，广东广播的珠江经济台举办首届"羊城讲古鳌头赛"，挖掘培养粤语讲古新人，传承广府文化。讲古大赛吸引了海内外一万多名选手报名参赛，年龄最大的 62 岁，最小的只有 7 岁，其中既有在校的中小学生，也有在职企业员工，他们扎根于民间沃土，展示出讲古艺术"江山代有新人出"的强大生命力。同时，广东广播还在广州著名风景区白云山永久设立"云山珠江讲古台"，引起媒体广泛报道，媒体还将"云山珠江讲古台"称为"广州文化新名片"。随后全省多个旅游景点纷纷提出跟广东广播合作设立讲古台，一时间在珠三角地区掀起了一股讲古热潮。

南方生活广播举办的全球微粤曲大赛成功借助互联网、新媒体的传播，吸引了来自美国、加拿大、澳大利亚、新西兰、日本、韩国以及中国香港、澳门、广东的众多粤曲爱好者踊跃参赛。大赛首创微信、微博等新媒体报名方式，粉丝可以使用微信进行投票，广东广播的南方生活广播官方微信"slr936"跟踪报道全程赛事，两季的活动都获得了近百万次的网络访问量，使得一个小活动产生了巨大的影响。

四、人人谋创新的广播："全员新媒体化 + 团队全媒体化"

以"广播 +"为指导，广东广播在融媒体时代形成了人人创新的氛围，全员新媒体化、团队全媒体化的管理思路促使每一个广东广播人加快创新的步伐。

2016 年广东广播成立了"黎婉仪财富管理工作室""尹铮铮工作室"，这些以广播节目主持人命名的工作室成为整个广东广播电视台改革创新的试点，黎婉仪财富管理工作室可自主聘请编辑或助手，拥有团队组建权、经费支配权、收益奖励权、创意自主权等权限，成为节目生产、项目运营、媒体融合、市场化运营的创新平台。黎婉仪主持的财经节目《风云再汇》通过网上众筹的方式募集一年的制作费，以"用户是否愿意付费"来决定这档财经节目是否继续播出。该项目仅用 13 天时间就达到众筹目标，成为众筹网开办以来众筹金额排名第三的项目，而且创造了该网筹集周期最短的纪录。

尹铮铮工作室是以新闻资讯和融媒体内容生产为主体的工作室，立足于专业性、权威性的内容生产，跨界广播、电视以及网络，打造声音、视频和文字等多种综合新闻、资讯和评论类节目，并将节目内容产品化、市场化，打造全新的传媒运营模式，实现媒体产品的市场效益。

股市广播借力各种融媒体渠道和平台，把经营模式从纯广告向股市培训、商务高端旅游、举办理财博览会、网络咨询等转移，举办了"赴美国与巴菲特面对面""走进上市公司""走进机构大本营""股市投资巡回报告会"等多项融媒体活动。2016 年 1 月到 8 月，这个频率的经营收入是同期广告收入的三倍，比去年同期增加了 175%，8 月已经提前完成了全年的经营任务。

在"广播＋"的思路指导下，广东广播在融媒时代努力拓展广播的影响力，做出了一些实践和探索，形成"处处听得到，常常看得见，时时有温度，人人谋创新"的广播生态。互联网时代下的广播正在面临一场前所未有的考验，中国广播只要利用自身的优势，不断推动传统媒体和新兴媒体在内容、渠道、平台、经营、管理等方面的深度融合，促使传统广播转型升级，就一定能够为中国广播创造更加美好的未来。

目录
CONTENTS

1

"广播＋"：广播在互联网时代的融媒战略①

曾少华

移动互联网技术的飞速发展，为广播带来了在传播渠道、收听平台、服务对象、经营管理等各方面的巨大改变，深刻影响着广播的传媒格局，并将引发广播行业的革命性转变。

国家从文化战略的高度强调媒体融合的重要性。习近平总书记在中央全面深化改革领导小组第四次会议上强调，"推动传统媒体和新兴媒体融合发展，要遵循新闻传播规律和新兴媒体发展规律，强化互联网思维，坚持传统媒体和新兴媒体优势互补、一体发展，坚持先进技术为支撑、内容建设为根本，推动传统媒体和新兴媒体在内容、渠道、平台、经营、管理等方面的深度融合"。李克强总理在2015年全国"两会"的政府报告中明确提出"互联网＋"的行动计划，全新定位信息技术和传统产业的"生态融合"。在新的传媒格局下，媒体融合成为传统广播转型升级的必由之路。传统广播如何利用自身的优势在媒体融合时代走出自己的创新之路？本文以广东广播的探索和实践为例，对这一问题进行探讨。

一、广东广播勇立潮头的历史传承

在广东这片改革的热土上，广东广播曾以其勇于改革的创新之举在中国广播的发展历史上留下了精彩的篇章。原广东人民广播电台（现合并为广东广播电视台）作为建台最早、发展最快、最具有影响力的省级主流媒体之一，在60多年的发展历史中，不仅拥有众多品牌节目和广泛的社会影响力，也是中国广播改革的先锋和排头兵。1986年12月15日珠江经济台

---

① 发表于《中国广播电视学刊》2015年第10期。

开播，成为中国广播史上的一座里程碑，率先在国内采用主持人直播形式的大板块节目结构和热线电话，拉开广播专业化发展的序幕。这种以一个频率为单位进行内容定位划分，节目内容和频率风格能够满足某些特定领域广播听众需求的专业化广播，全面推进了广播的改革和转变，对中国广播产生了前所未有的影响。同时，"珠江模式"对全国其他广播电台的业务改革和频率专业化转型起到了示范和标杆作用。中国广视索福瑞、赛立信等市场调查公司的数据显示，广东广播电视台 9 个广播频率在广东广播收听市场一直占据着绝对优势。

二、"广播＋"的战略思路

在互联网时代，新媒体不仅给广播带来了挑战，更为其提供了发展的机遇。广东广播人利用传统广播自身已有的优势，拓展新媒体带来的各类平台，以"广播＋"的战略思路革新广东广播的发展模式，促进传统广播在互联网时代的转型升级。

2014 年，原广东人民广播电台首次提出"广播＋"概念，明确要以"广播＋"的思路来做"互联网＋"，强调要以广播为主体，主动融合，而不是被动式被"＋"，在互联网时代全方位地拓展广播的发展空间，包括资源、渠道、平台，以及商业运营模式等，实现广播新媒体的转型发展。"广播＋"的概念是对传统广播的发展思路、模式、格局的重新定位与突破。两年来，广东广播正在"广播＋"战略的指导下，对广播的内容、渠道、平台、经营、管理等各方面的深度融合进行全面探索和实践。

广东广播以"广播＋"的战略思路引导广播频率转型，培育新的市场，一方面是通过机制的转变让传统广播借助新媒体的"反哺"实现双赢，另一方面通过新媒体不断提升广播的影响力。因此，"广播＋"的空间是无限的，它让广播与互联网深度融合，创造出新的发展生态。

三、"广播＋"战略在媒体融合中的创新实践

"广播＋"既是应对新媒体挑战的一种改革发展思路，也是主动抓住新媒体发展机遇的一种探索实践。广东广播在融媒实践中的多个案例均具

有首创性，其实践成果和成功经验对广播改革发展很有研究价值。

（一）"广播＋电商"：一次行业跨界的尝试

2014年11月11日，广东广播电视台珠江网络传媒与城市之声频率共同合作"双11"融媒体购物节目《双11，一听即发》，开办广东广播淘宝店进行秒杀抢购，广播从传播领域跨界到消费领域，创造了一种电台融媒体购物模式（RTC，Radio To Consumer），引起了行内外的广泛关注。在活动信息预告推出的一周内，有将近30家商家和企业陆续加入这个秒杀抢购活动，并不断增加商品数量和总价值。在广播界，《双11，一听即发》成为业界热门话题，省内外多家广播电台来"取经"，了解详细情况，同时也引起了网易等大型互联网企业以及专业收听数据调查公司的关注；在传媒界，《双11，一听即发》被多家媒体作为"广播＋电商"的案例进行报道。

《双11，一听即发》不但构建了丰富的资讯内容，还触发了"广播＋电商"的传播新概念，其具体形式就是在"双11"当天，广东广播城市之声在全天九个时段滚动播放，一边以常态化的节目形式，直播全国电商实时战况；一边发布秒杀抢购的"密码"，推动听众到网络商店购买，形成一种跨界互动。这次"广播＋电商"的策划收获了不少：

1. 广播收听效果的可视性数据

城市之声频率在"双11"当天的全天收听访问量比同期增长了245.71%，新的独立访客量增长了196.88%，明显的高点都在秒杀抢购时段，并形成了全天的高走势。尤其是每当秒杀抢购开始时，城市之声的收听率明显飙升，使全天收听访问量曲线出现一个个"山峰"，这些"山峰"正是节目发布"密码"的时段。城市之声当天在广东广播九大频率的官方网络收听率排位中，跃升到第三位，超越了羊城交通台、音乐之声、新闻广播等长期位于前列的频率。

2. 广播广告形式的创新

很多人认为广播跨界电商，无非就是借电台的牌子卖商品，这只说对了一半，事实上，《双11，一听即发》另一个重要目的是展示一种广告的新形式。这种形式突破了声音局限，通过广播和新媒体合力制造话题，达到事件营销的效果，同时通过逐步升级的原创软件在自媒体平台定时推送，让话题不断发酵，在各个社交群体中交互传播，无论是网站、微博、微信还是淘宝店，产品形象都能够以丰富的图文、视频形式展示出来，并可以反复观看、留存（收藏）。

3. 听众转化成用户

这一次跨界实验中，最重要的纽带就是网络支付——通过支付行为，用户在广东广播淘宝店留下姓名、电话、地址等详细信息，后台数据还能分析出用户的性别、喜好、行为习惯、价格接受度，知道他们对哪一类商品最感兴趣。以前广播一直纠结"什么人在听"，广告主纠结"什么人听了会买"，在大数据时代，这些听众不再是电波之外的模糊身影，而是可跟踪、可研究、可对比、可推送的用户，这种数据彰显的价值正是通过支付行为使得听众转化成为用户而实现的。

4. RTC 模式推动节目创新

RTC 模式不但可以在单纯的商品推广领域有所作为，而且可以推动广播节目的创新，通过已经搭建好的"快速通道"实现听节目与消费之间的直达。比如饮食类广播节目，以往只是通过节目镶嵌广告来收取广告费用以获得支撑，现在可以通过 RTC 的方式，在介绍美食之余，直接出售节目中介绍的餐厅消费券或 VIP 卡等，或者收取线下活动报名费等。电台作为传统媒体的推介是信心的保证，而其借力于新媒体富有创意的形式则更为时尚、更有吸引力，这些对商家都是再好不过的推广模式。而电台不仅可以继续收取广告费，还可以收取销售分成、组织费用等，增加盈利渠道。

RTC 模式有着广阔的未来，所有与餐饮、旅游、休闲、汽车、金融、理财、教育等相关的服务性强的节目都值得通过 RTC 模式进行深度开发，甚至像票务、会员、拍卖、中介服务、有声读物、虚拟产品等都是具有广阔市场前景的 RTC "产品"。

（二）"广播＋众筹"：一场由广播人引发的互联网金融实验

2015 年 2 月，广东广播电视台珠江经济台频率（FM97.4）广播节目《风云再汇》众筹成功，为广播融媒发展贡献了一个极具意义的案例。一档只在周六晚上播出一小时的财经广播节目、两位 60 后主持人，仅用了

13 天，通过众筹方式成功吸引了 1 410 位用户付款，募集到了节目一年的制作费用 888 976 元，这种"广播＋众筹"的互联网金融实验在中国广播业开创了先河。

众筹是指通过互联网方式发布筹款项目并募集资金，是一种新兴互联网金融。众筹利用互联网和 SNS 传播的特性，让小企业、艺术家或个人对公众展示他们的创意，争取大家的关注和支持，进而获得所需要的资金援助。众筹网站在我国兴起得比较晚，2011 年才从美国传播到我国，2011 年 7 月 4 日，中国第一家众筹网站正式上线，此后，众筹网站在我国进入快速发展期。

2014 年 9 月，中央人民广播电台经济之声早新闻节目《天下财经》众筹出版图书《保卫财富》，这是广播界对众筹的试水。然而，在此之前，国内还没有一个众筹案例涉及广播节目的制作与播出，广东广播电视台珠江经济台频率广播节目《风云再汇》众筹直接指向了这一目标——节目组宣称"如果筹够了制作费用就继续开播，否则该节目就退出广播界"。《风云再汇》的成功，可以说在一定程度上改变了传统广播的生产流程、盈利模式等：

1. 促进了广播节目生产流程的再造

传统广播的生产流程一般是由主持人提交节目方案，经内部讨论筛选后决定播出，其间会根据收听率或者频率的主观需求进行调整，但基本上不会完全根据听众的意见来决定一个节目的去留。而众筹节目的生产流程则是：发起人（主持人或节目组）提交详细节目策划、阐述项目的内容及预期效果，提出资金目标、支出预算、用户回报等详尽信息给众筹平台，然后设定目标完成时间，根据众筹平台上用户的反应，决定节目的命运。

众筹的理念是在产品生产、推出市场之前获得市场的资金支持、决定生产规模、取得各项数据，反映在广播生产流程上，是在节目推出之前就已经获得用户需求的最直接、最真实的数据。如果节目的设计在众筹平台上不受欢迎，就可以认为这个节目"根本没有生产的需要"，这样可以降低节目播出的试错成本，尽早锁定目标用户群体，实现内容生产价值最大化。

此外，《风云再汇》节目通过众筹获得了更多的制作经费，不但可以

用来全面提升节目的制作水准,而且在新媒体及线下拓展方面,拥有足够的资金保障,可以进行更多新的尝试,比如节目组计划通过"'风云再汇'节目联谊会""风云微信群互动""风云午餐分享会"等方式,随时随地带给听众有价值的财经前沿资讯,打造属于该节目的财经社交。

2. 突破了传统广播的盈利模式

传统广播的盈利主要来源于广告,无论是时段、合办还是活动赞助,收入都是通过广告主、中间商(广告代理)而来,广告付费、听众免费的模式成了一件理所当然的事情。与电信运营商、商业网站之类的增值业务分成,可以说是最接近听众的"钱袋",但广播仅仅处于内容供应商的地位,只是链条中的其中一环。《风云再汇》众筹成功的案例,则完成了"向用户收钱办节目"这一看起来不可能完成的任务,真正做到了内容变现。再者,一个获得用户青睐的节目必然会获得广告商的关注,一旦节目成功引起市场关注,其连带的广告效应也是可以预见的。未来的广东广播还将有更多围绕节目品牌和主持人的市场化开发,沙龙讲座、电商植入等已在筹划范围之内。

3. 初涉"互联网金融"

众筹符合互联网金融借小钱办大事的特性,灵活性大,同时众筹在某种程度上代表了一种更具个性的消费选择,更容易指向特定的人群和细分的市场。从金融的角度分析,名人效应可以为众筹项目增加可信度,背后这些真实可信的人和事,自然也增加了事件的可信度,这对传统媒体和知名度高、从业经验丰富的主持人来说是一个天然优势。

同时,由于用户的支付首先要通过众筹平台,因此众筹平台有监管的责任和义务,这样一方面增加了资金收入的透明度,另一方面也保障了用户支付的安全性,在发起人和用户之间起到一种既是桥梁又是保障的作用。

4. 引发关于"圈子经济"的思考

在这次众筹的支付中,有 62% 的用户是选择了"支持 88 元",只有 26% 的用户选择了"支持 880 元"(或以上),但是从金额贡献比例来看,这 26% 的用户贡献了 82% 的金额。"支持 88 元"和"支持 880 元"的区别在于每一个"支持 880 元"的用户都可以获得一次"风云午餐分享会"

的参与机会，与主持人面对面交流投资心得。如果说《风云再汇》构建了一个财经爱好者的圈子，那么是不是体育节目可以构建一个球迷的圈子、饮食节目可以构建一个"吃货"的圈子、电影节目可以构建一个影迷的圈子？在这些圈子当中，节目和听众之间有了更深层次的互动，而圈子的个体之间，也可以带来点对点的互动，听众的需求被激活，消费的需求也会被激活。

（三）"广播＋新媒体平台"：全媒体广播的构建

1. 多方开拓新媒体平台

在"广播＋"的融媒体思路指导下，广东广播开辟各类新媒体平台，包括荔枝台·广东广播在线（RGD）、新浪及腾讯官方微博、手机客户端、官方微信等，并由新媒体部门"珠江网络传媒"统一运营，开展各类对外合作，拓展新媒体业务市场空间。其中 RGD 平台运营广东广播九大频率的网络音频直播，另有 3 套 24 小时播出的自办网络广播（DMB 故事、DMB HIFI、果酱精选）、1 套 24 小时播出的视频和 5 档（套）以上常态化播出的自办网络（视频）节目。

2. X 直播 APP 平台

广东广播电视台下属的广州精准传媒有限公司，依托自有专利技术，研发出手机视频音频直播软件应用平台——X 直播，用户只要在手机上安装 X 直播 APP，就可以实时收听收看广播、电视节目和为该平台专门制作的个性化内容、自媒体及各类点播。

X 直播作为最新的移动端广播电视集成平台，拥有丰富的音视频内容和品牌优势，上线三个多月已经拓展了 400 多万移动终端用户。X 直播作为广东广播电视台网络广播发展的主打平台，改变了传统广播媒体单一的节目形态、视听模式和广告盈利模式，其做法包括：一是在在线广播中加入互动环节；二是与广播频率对接开发特色栏目；三是为主持人打造个性化专栏；四是根据需求和优势扩展板块。

3. 线上线下复合传播

2013 年开始策划组织的大型系列公益行动"大爱有声"，以广播、网络、手机电视共享的音视频系列节目为龙头，与新浪、腾讯等合作，通过微博、微信等平台进行推送，通过新媒体复合传播实现了社会影响的最大化。"大爱有声"公益行动提升了广东广播的品牌形象，得到了上级领导的充分肯定和高度赞扬。

2015年6月24日，珠江经济台举办《"广播+"的N种猜想》综艺娱乐节目发布活动，综艺娱乐板块《亚洲红人赏》以"亚洲娱乐盛典"年度活动为龙头，整合珠江经济台的品牌音乐娱乐节目，主打全媒体概念，通过与跨界媒体、互联网、线下活动等深度黏合，打造一批"广播+"的新形态节目。活动通过荔枝台·广东广播在线官网、X直播平台、广东电台APP和官方微博、微信进行多媒体视频直播，影响广泛。

四、"广播+"创造融媒时代广播的N种可能

将"广播+"概念落地转化为广播改革发展实操中的新常态，是一个需要勇气的探索过程。当年以"珠江模式"引领广播改革的珠江经济台再次成为"试验田"，进行了"广播+"的N种实验：

"广播+内容"——通过"内容中心处理小组"将广播节目进行二次开发，主要针对微信等自媒体进行传播，吸引更多用户关注。从2015年4月开始改造以来，珠江经济台的微信用户数量增长了300%，目前已经有接近6万粉丝。

"广播+平台"——利用荔枝台·广东广播在线以及广东广播自家产品X直播做好在线直播，积极布局移动互联网平台，并以此为基础，打造新媒体领域的优势产品。

"广播+电商电教"——广播电商常态化。首先将每月的18日定为"珠江经济台着数日"（着数，粤语意为有好处、大便宜），珠江经济台不但建立了自己的微商城，还与广告代理商合作，促进广告产品的转化与变现，共创新的广告模式；同时与网易等互联网巨头合作，打通广播微电商平台到大型电商的渠道，实现"入口盈利"。此外，珠江经济台还利用具有教育培训资质的"南方广播培训中心"开展线上线下教育培训业务，既拓展运营领域，又扩大品牌效应。

"广播+"作为传统广播融媒体发展的新思路，必须始终牢牢把握两

个原则：一是必须充分利用传统广播的优势来实现"+"；二是不能简单停留在横向"平面"上的"+"，而是传统广播与新媒体在广度和深度产生化学反应的"融"。我们坚信，沿着"广播+"的方向在互联网时代进行大胆探索和实践，一定能为传统广播在新时代的转型升级和创新发展找到一条可供借鉴的突围之路，催生出崭新的广播传媒生态圈。

新传播环境下打造广播品牌的五个着力点①

曾少华

做广播就是做品牌。广播品牌是广播核心竞争力的象征。打造好品牌是增强广播核心竞争力的重要手段。这些已经是业内外人士的共识。而如何才能打造好广播品牌则是见仁见智、众说纷纭。从事了十多年的媒体管理工作，对各类媒体有过不同程度的接触，我希望从更广阔的视角来讨论这个问题。我认为，打造广播品牌，一定要根据广播的特性找准着力点。只有找准了着力点，才能收到事半功倍的效果。根据我的观察和分析，打造广播品牌的着力点应当在以下五个方面：

着力点一：新闻——体现广播品牌的权威性

讲到新闻，大家可能都习惯性地将它定位在一个方面，即根据上级的部署和要求，围绕中央和省委省政府的重大工作部署与决策、重大会议、重大活动及社会热点配合做好宣传报道和舆论引导。这当然是我们首要的任务，是电台作为党和政府的宣传阵地的首要职责，也是我们的共识。但我想特别强调的，想要提醒大家思考和关注的，就是要认识，"新闻"是打造广播品牌的一个着力点，并且对其要高度重视。广播无论是作为一个大众媒体，还是作为一个新闻单位，资讯传播都是其最主要的一项功能。在资讯发达、传媒林立的当下，一个新闻媒体只有把新闻资讯做出权威来，其影响力才能得到充分显现。所以，新闻资讯在打造广播品牌的过程中应该发挥重要作用，应当结合各项重大新闻宣传任务从多个方面、多个领域、多个角度去认识新闻资讯对广播品牌打造的重要性，认真去思考，去突破。广播在众多媒体中无疑处在相对弱势的地位，但是，在新闻资讯

---

① 发表于《中国记者》2013 年第 6 期。

方面，广播完全可以通过发挥自身的传播优势表现出权威性，彰显强势。现在的广播除了综合性频率，大多数是专业化频率。这要求我们要从频率的自身特色出发，利用新闻资讯优势打造自身的权威性。新闻频率要做出时政新闻的权威性，经济频率要体现经济信息的权威性，音乐、娱乐、交通等频率也应努力成为相应领域新闻资讯传播的权威。中央人民广播电台中国之声近两年的实践就为广播同行提供了示范。我们不难看到，近两年电视、报纸、网络的新闻报道中经常有中国之声的身影，这一现象正是说明中国之声的新闻宣传已经体现出了权威性。要体现权威性相当不容易，这不仅是创新宣传工作的难点所在，也是打造广播品牌的关键所在，这更关系到广播媒体维护和巩固其作为主流媒体的地位，这无疑需要我们广播人用心来打造。

着力点二：节目——提升广播品牌的美誉度

节目是广播的一个个产品，产品的美誉度直接关系到整个广播品牌。关于广播节目，现在有两个评价标准，一个是官方的评价标准，另一个是听众市场的评价标准。这两个标准有时是一致的，有时有差异。我们应该在这两个标准上都创丰收，不断提高节目质量。栏目、节目获得官方组织评选的优秀称号、大小奖项，不仅是官方组织对栏目、节目的认可，是栏目、节目质量与水平的展示，也是一家电台综合实力的体现。"一个品牌的力量在于它有影响购买行为的能力。"[①] 一档广播品牌节目的力量在于它吸引目标听众的能力。要吸引听众当然首先要引起听众的关注，并能够持续获得好的评价。广播品牌的美誉度与上述两个评价标准息息相关，缺一不可。如果说影响官方评价的除了自身努力的主观因素，还有一些客观因素，譬如指标限制、评奖限额等，那么我认为听众市场的评价就是广播节目的实力、水平和能力的真正体现。各个频率应当根据听众市场的需要，创新、创优自己的节目。这里没有任何固定的模式，即便是好节目好栏目，也不能一成不变。所以频率提出的版面调整，不管是大调整还是小调整，都应当受到鼓励和支持，因为这说明节目组、栏目组已感到原来的模

---

① 阿尔·里斯，劳拉·里斯. 品牌22律. 周安柱，等译. 上海：上海人民出版社，2004.

式已不符合听众与市场的需要，所以他们在创新，在努力，在改变现状。当然，一档好的节目、栏目也需要时间来积累听众、积累人气，不能朝行夕改。若我们的各个频率能精心打造出两三个在当地叫得响、让听众津津乐道的节目来，节目的品牌、频率的品牌，以至于我们广播电台的品牌也就树立起来了。

着力点三：活动——形成广播品牌的凝聚力

广播是声音的艺术，以至于在很长一段时间内，广播总是只闻其声，不见其人。但是近年来广播人大胆创新，通过各种户外活动让广播走出了直播室，办出了"看得见"的广播。现在各地广播电台都举办了很多广播户外活动。本来只是让听众听的广播变得可以让听众看了，广播多了一个争夺眼球的聚焦点。正是基于这一从只占有耳朵到争夺眼球的突破，从打造品牌的要求来讲，广播户外活动从策划到实施都应当着力于制造影响力和轰动效应，要通过"看"广播的活动影响受众、凝聚受众，使他们更多地收听广播、关注广播、支持广播。举办活动的目的是什么？"看得见的广播"的主题词还是"广播"，"看得见"只是个定语，是形式。举办活动的目的要落在"广播"上。活动有没有意义，评判标准就是活动有没有让广播这一主业得到发展壮大，当然也包括能否盈利。现在很多广播活动基本上还是小圈子里的自娱自乐，无法形成较大影响，更不要说造成轰动效应。当然，也不能要求每一项广播活动都形成较大影响，造成轰动效应，但是每个频率每年都应该有至少一次的活动能够产生较强的社会影响力，能够在所覆盖的范围内造成一定的轰动效应。打造广播品牌必须不断策划这样的活动，在活动中形成广播对听众的凝聚力。

着力点四：主持人——铸就广播品牌的号召力

打造节目主持人是一项双向性的工作。正向就是打造品牌要重视打造名主持人，逆向就是要善于借助名主持人的号召力来打造广播品牌。要有意识地打造出更多的名主持人，使其像明星一样有一大批粉丝。这样的名主持人本身就是一个品牌，由他们主持节目、参与活动、走进社会，带来的就是号召力。如果一个电台有十个八个甚至更多名主持人，意味着拥有一大批粉丝，便容易产生轰动效应，其节目就不愁品牌，不愁影响力。在这方面需要多一些思考，多下些功夫。目前各广播电台都有一些名主持人，但大都还不善于利用这些名主持人来打造节目和电台的品牌。其实，一个电台每年都应当提供一个合适的平台和方式让本台的名主持人集体亮相，这样既能合力提高他们的知名度，又能通过他们的知名度、影响力来带动电台自身的品牌建设。这是个相得益彰的重要举措。广东人民广播电台于 2012 年策划了"夏日新形象听众见面会"，该活动于同年 5 月 6 日上午举行，广东人民广播电台的郑达、林颐、何浩鹏、偏正中、路氏家族、南方阿叔、黎婉仪等名主持人悉数登场。很多现场观众正是冲着这些名主持人而来的。而这些名主持人的现场介绍和表演又有效地宣传和推介了广东人民广播电台九大频率、两大电视频道的主打节目，为广东人民广播电台的品牌增了色、添了彩。通过这一活动，广东人民广播电台在移动收听人群及伴随性收听人群两大收听主力市场实现了新的突破。

在当今传媒界和娱乐界如此发达、竞争如此激烈的情况下，两三个名主持人可能决定一个频率、一个电台的发展。我们广播电台一定要打造出这样的名主持人，也要用好这样的名主持人。

着力点五：覆盖和技术——打牢广播品牌的支撑点

发射覆盖和技术设备，是打造广播品牌的重要技术支撑点，可以说相当于一台电脑的 CPU。发射覆盖不好，技术设备跟不上，其他方面再努力都是没用的。我们要真正摸清、掌握发射覆盖现状，解决存在的问题。在覆盖目标范围内，哪个点不理想，就要改善哪个点，保证我们的节目传播效果，让我们的目标听众能够清晰地收听到我们的广播节目。另外一个是技术设备。绝不能因为设备陈旧而影响节目播出的质量，或者限制节目的创新和主持人特色的发挥。广播现在越来越讲究互动性，这是广播区别于其他媒体的一大特点与优势，直播室的设计和设备配置都需要满足相应的需求。广播电台的技术设备，必须根据需要和技术发展水平不断更新。想要将光鲜的"舞台"展现在听众面前，得让"舞台"有坚实的支撑点。

互联网时代广东广播传播本土文化的实践和启示①

曾少华　钟翠萍②

　　一个地方的本土优秀传统文化，承载着当地人们在长期的社会实践中所形成的独特的思想、价值和道德规范，不论过去、现在还是未来，其价值都不会褪色。传承这些优秀文化，是涵养社会主义核心价值观的重要源泉，也是增强文化自觉和文化自信的重要途径。习近平总书记出席文艺工作座谈会时强调："中华优秀传统文化是中华民族的精神命脉，是涵养社会主义核心价值观的重要源泉，也是我们在世界文化激荡中站稳脚跟的坚实根基。"③ 作为党的主流舆论阵地和媒体，广播电视节目如何在弘扬和传承中华优秀传统文化上发挥作用、担当责任？

　　纵观近几年的广播电视节目，在娱乐类综艺节目大行其道的背景下，一批有情怀、有策划、倡导文化价值的节目相继回归广播电视，有的还成为现象级节目，被观众热捧，如中央电视台的节目《中国诗词大会》。岭南文化是中华优秀传统文化的重要组成部分之一，在传承和传播岭南文化上，广播可以做什么，又可以从中收获什么？广东广播近年来着力于本土文化的坚守和传播，注重广播与新媒体的融合，用创新的传播方式，为本地文化的传承传播做出了新的探索，涌现出一批产生较大社会影响力的文艺节目或活动。一方面，以这些节目（活动）作为抓手，引导文化价值的回归，彰显了主流媒体传承精神、传播文化的社会责任；另一方面，在媒体融合的大背景下，本土传统文化的传播为以本土听众（用户）为主要传播和服务对象的广播带来了更强的文化认同、价值认同、情感认同，增强

---

①　发表于《中国广播电视学刊》2017 年第 6 期。
②　钟翠萍，广东广播电视台广播宣传管理副主任、主任记者。
③　习近平. 在文艺工作座谈会上的讲话. （2014 – 10 – 15）［2015 – 10 – 14］. http：//news. xinhuanet. com/politics/2015 – 10/14/c_1116825558. htm.

了听众（用户）的黏性，为广播的自身发展带来了人气。本文将对此进行梳理和分析。

一、深挖岭南文化资源，推出了传承本土优秀文化的系列节目及活动，是广东广播在媒介融合背景下坚守内容战略不变的再出发

媒体转型是一场具有革命性甚至颠覆性的战役，各家媒体正在牢牢抓住融合发展的窗口期，谋求发展的新机遇和新空间。在坚定变革的同时，作为内容生产者的传统媒体，如何坚守自己的内容战略不变，提供更优质、更能连接互联网用户的核心产品，是媒体转型的题中之义，正如亚马逊集团董事长贝佐斯所云："拥抱变化，不如赌对不变。"近年来，广东广播各频率以弘扬和传播本土优秀文化为己任，主要频率都推出了各具特色的文化节目，赢得了本土听众（用户）的文化情感认同，成为新的传播背景下广播与听众（用户）关系重构的一个重要载体。

从 2015 年上半年开始，广东广播电视台新闻广播牵头策划、多频率共同参与推出了大型广府经典文化系列节目"听见·广州"，致力打造南粤风文艺精品。其中的重头戏就是制作播出 30 辑访谈式传记《林兆明的艺术人生》，囊括粤语讲古泰斗、著名话剧表演艺术家林兆明将近一个世纪的人生传奇和艺术感悟；制作播出 12 集长篇故事连播《广州往事》，传播林兆明对广州古城人文风貌的倾情演绎。此外，广东广播电视台还出版了传记图书《书接上一回：粤语讲古泰斗林兆明传》。对粤语讲古泰斗林兆明的访谈及其传记出版工作，实属一项文化遗产的保护性工作，期间，林兆明老先生不幸仙逝，更加凸显了这项工作的及时性以及历史文化价值，该工作得到了社会各方的积极评价和认可。除了策划广府经典文化项目，新闻广播还积极介入当代生活题材，正在录制一部反映广东改革开放、根据长篇小说《闯广东》改编的 40 集同名广播剧。

珠江经济台联动社会资源，推出了"云山珠江讲古台"系列活动。粤语在珠江三角洲、香港、澳门及海外有着广泛的影响力，从语言和文化的角度来讲，粤语中的粤韵承载了上古汉语遗风，是岭南文化的重要载体，

也是维系广府人文化情感的重要纽带。粤语讲古的巅峰时期是在 20 世纪 80 年代,张悦楷、林兆明等著名大师在广东人民广播电台播讲《三国演义》《西游记》《水浒传》等名著,一度万人空巷,但这一盛景随时代的发展而衰落。为了传承粤语讲古文化,广东广播电视台珠江经济台从 2016 年开始举办面向全球的"羊城讲古鳌头赛",挖掘粤语讲古新人,同时在广州著名风景区白云山设立"云山珠江讲古台",这讲古台被媒体称为"广州文化新名片"。此外,珠江经济台还与南海狮山镇、番禺沙湾镇等基层政府和民间文化协会合作,在当地设立粤语讲古台,作为广东村镇特色文化品牌建设的一种新尝试,在珠三角地区掀起了一波又一波的粤语讲古风潮。

南方生活广播从 2015 年开始举办全球微粤曲大赛,连办三季,让传统戏曲大放异彩。全球粤曲爱好者争相报名参赛,珠三角各城市积极争取成为分赛场的举办地,数十万网民在线观看比赛,全球微粤曲大赛因此成为广东粤曲界的年度盛事。此外,南方生活广播在推广粤剧文化方面也不遗余力,以粤剧会友,唱响广播。《粤韵晨曲》《粤韵飘馨》《好戏连台》《中华戏韵》等文艺节目广受听众喜爱,收听率和市场占有率一直名列前茅。

二、打造公益平台,聚合公益的力量和媒体的力量,推动公益活动与本土文化传播相结合,让文化传承落地生根,取得实效

"大爱有声"是广东广播近几年着力打造的大型公益行动品牌,在社会上产生了广泛且持续的影响力。这个公益行动品牌与广东广播各频率推出的多项文化活动相结合,借助公益的力量、媒体的影响力和资源整合的能力,增强文化传播效果,推动文化惠民的深入。如南方生活广播与广东省曲艺家协会联手策划的"大爱有声·动听南粤——广东曲艺传承'一带一'公益行动",就是通过师生结对子、传帮带、展示展演等形式,充分挖掘本土曲艺特色和内涵,在全省一站接一站、一代传一代、一棒接一棒地交接下去,推动曲艺事业的蓬勃发展,让最具岭南特色的曲调得以传承。该系列活动于 2016 年 6 月 20 日在佛山大沥镇正式启动。启动仪式上,

南方生活广播聚集广东曲艺界的知名艺术家以及在听众中有影响力的新老艺人，发出了《广东曲艺传承宣言》，并举行了首站公益晚会。之后，南方生活广播在珠海、东莞等地又举行了多场公益晚会。公益行动重在落实，这一活动着力薪火相传，着力推出一批生机勃勃的曲艺新人，让广东曲艺在传承和发展中得到创新。为此，全省曲艺名家名师、基层工作者，甚至是普通爱好者纷纷响应并积极加入这一文化公益行动，带动和影响社会上越来越多的人热爱、保护和传承这一扎根于本地的曲艺艺术。公益行动先后来到各个地级市、区，甚至到乡镇、村、社区、厂区举办公益晚会，粤曲、南音、木鱼歌、龙舟、讲古、潮曲、相声、器乐演奏等各种群众喜闻乐见的曲艺形式争相展现，将一场场高水准的曲艺文化盛宴呈现给广大群众。这一系列活动受到各地政府和广大听众的热烈欢迎，活动历经一年，已被打造为广东公益文化品牌活动，2016 年 7 月还被列入广东省"十三五"文艺精品创作生产推进计划。

三、创新传播方式，利用新媒体平台和传播手段，让传统文化嫁接互联网基因，与今天的受众实现强连接

当今媒体迎来了前所未有之变局，移动互联、社会网络、体验经济已经深刻地改变了人们的信息获取方式乃至生活方式。广播作为最老牌的传统媒体，在传承和传播传统本土文化方面，如果只停留在传统的传播方式上，不能很好地将今天的听众和受众进行互联网连接，其传播的效率和影响力必然会被大打折扣。习近平总书记在文艺工作座谈会上指出，"互联网技术和新媒体改变了文艺形态，催生了一大批新的文艺类型，也带来文艺观念和文艺实践的深刻变化。由于文字数码化、书籍图像化、阅读网络化等发展，文艺乃至社会文化面临着重大变革"[①]。随着时代的变迁，文艺作品的审美、欣赏、接受和传播方式都发生了很大的变化。在这样的时代背景下，传承和传播本土传统文化，都必须采用创新的思路和方法。南方生活广播成功举办全球微粤曲大赛，其亮点就在于新媒体的运用和传播。

---

① 习近平. 在文艺工作座谈会上的讲话. (2014 - 10 - 15) ［2015 - 10 - 14］. http：//news. xinhuanet. com/politics/2015 - 10/14/c_1116825558. htm.

通过传统媒体结合新媒体线上线下的广泛宣传，吸引了全球包括远在美国、加拿大、澳大利亚等国热爱粤曲的1 000多名中外人士通过微信、微博等网络报名方式踊跃参赛，并通过网络平台上传音视频参赛作品。在大赛进行中，南方生活广播官方微信"slr936"全程报道赛事，广大粤曲爱好者变成南方生活广播官方微信的粉丝，并通过微信投票等互动方式关注、参与、分享和传播赛事，社交媒体上的广为传播，大大增强了粤剧、粤曲的影响力。

"2016年白云山郑仙诞旅游文化周"盛大开幕的消息，通过新华网、人民网、央视网、南方网、金羊网、广东广播电视台、荔枝台·广东广播在线、ZAKER新闻客户端、新浪新闻、网易新闻以及广东广播微信等新媒体客户端向全球发布，24小时内，网民可在网上搜寻到近两万篇相关报道。而闭幕式当天首届"讲古新人王"的出炉，通过荔枝台·广东广播在线面向全球网民视频直播，约有10万网民观看了直播。

广东广播各档传播本土文化的节目（活动）均采用了广播线上节目、广播线下活动、新媒体多屏传播相结合的传播推广方式，充分满足了今天听众（用户）的参与、分享和社交传播的需求，为本土文化的传播带来了新的生机。

四、广播传播本土文化，一方面促进了文化的传承和弘扬；另一方面增强了本土听众（用户）对广播的文化价值认同，为广播的发展带来人气和新的生机

媒体发展进入融合发展时代，在全新的媒介生态中，所有媒介的关系已经被重构。广播与听众的关系也发生了新的变化，需要新的连接。除了技术上的连接，价值、文化、情感的连接也是重要的，所谓圈子文化、粉丝经济，都是基于某种特定的连接而形成的。地方文化，承载着一个地方的集体记忆和历史文化信息，天然地连接着一地市民的情感。广播将本土文化作为与听众（用户）连接的载体，带来了意想不到的效果。"郑仙诞"在历史上被称为"广州第一诞"，是广州寓意行善、积德、保平安的重要民俗。郑仙即郑安期，是"白云山第一人"。相传郑安期为采药防疫病于

农历七月二十五日采仙蒲驾鹤而去，为纪念他，人们于每年农历七月二十四日上白云山祈愿，祈求身体健康。从北宋开始，纪念活动形式越来越丰富，当地官员会在当天聚集文人雅士在山上论学问策，人们把此聚会称为"鳌头会"。后因战乱和历史原因，郑仙祠被毁，这一风俗逐渐衰落，"鳌头会"更是无人提及。自 2012 年起，白云山风景名胜区恢复一年一度的"郑仙诞"活动，试图再塑广州民俗节庆品牌。但前三年，广州市民对这个"比有'千年庙会'之称的'波罗诞'还要早千年"的传统节日还是相当陌生。不少民俗和旅游专家表示，要让郑仙文化重新成为广州市民的一种文化认同，成为广州的一张文化名片，需要一个漫长的文化积淀过程。但广东广播的一次活动，极大地提升了市民对这一民俗节庆的认识。2016 年广东广播 9 个频率联手，深度介入"2016 年白云山郑仙诞旅游文化周"活动，让这个古老但对今天的广州市民来说"相当陌生"的民俗节日重新走进了广州市民的生活。2016 年 8 月 27 日至 9 月 4 日，广东广播电视台旗下广播频率携手白云山风景名胜区管理局在白云山山顶广场隆重举办以"游云山，祈安康"为主题的"2016 年白云山郑仙诞旅游文化周"活动，一连九天，以多种形式强力传播。多达 80 万的市民和中外游客参与并分享了这次盛大的民俗文化和广播创意活动，成为当年广州全城的一件盛事。

南方生活广播是一个以传播地方戏剧文化和健康养生知识为主的广播频率，以老年听众居多。2015 年举办第一季全球微粤曲大赛之前，官方微信粉丝仅两万多，举办了全球微粤曲大赛之后，官方微信粉丝增加到了 13 万！全球微粤曲大赛大受珠三角群众欢迎，从 2015 年只设有广州一个赛区，到 2017 年共设有广州、佛山、东莞、江门、广州大学城五个分赛区。每一场分赛区活动都是人气爆棚，其中，东莞分赛区启动仪式通过触电新闻 APP、荔枝 FM 直播、南方网以及南方生活广播的官方微信等音视频直播平台，吸引了多达 35 万的网民在线观看直播。这样的人气，引来了各地基层政府和文化部门的积极参与，也为广播频率带来了意想不到的经济收益；这样的人气，在媒体转型的当下，是广播再出发最难能可贵的基石。

值得一提的是，广东广播举办的系列传播本土文化的活动吸引的不只是中老年群体，大量年轻人也参与其中。粤剧、粤曲在民间传唱多以私伙

局（业余粤曲迷自备乐器，自由组合，进行伴奏演唱）为主，而且以一些中老年人消闲娱乐弹唱居多，后继乏人现象比较严重。广播通过有趣的赛事设定和新媒体发动，使一批青少年参与其中。比如南方生活广播的全球微粤曲大赛，第一季赛事只设有成年组，第二季赛事开始设置成年组和青少年组。从五岁到十几岁不等，年轻人报名踊跃，而且在音准音色、板式节奏、行腔吐字、感情处理、表演台风等方面表现出较高的技艺水平，其中获第二季青少年组金奖的韦嘉宜只有 9 岁。参与珠江经济台首届"羊城讲古鳌头赛"的海内外一万多名选手中，年龄最大的有 62 岁，最小的只有 7 岁。出现在总决赛舞台上的 4 位选手中就有在校的中小学生。年轻群体的参与，无论对本土文化的传承，还是对广播的创新发展，其意义都是不言而喻的。

五、结语

传承和传播本土文化，广播大有作为。广东广播在互联网时代传播本土文化方面的新实践，是广东广播在媒介融合背景下坚守内容战略不变的再出发。通过公益平台聚合公益和媒体的力量，推动公益活动与本土文化传播相结合，让文化传承落地生根，取得实效。创新传播方式，利用新媒体平台和传播手段，让传统文化嫁接互联网基因，与今天的听众（用户）实现强连接。引导文化主流价值的回归，增进与听众（用户）特别是本土听众（用户）的文化、情感和价值的认同，为广播的转型发展带来新的人气和生机。

让主持人成为"新价值"的创造者

——广东广播主持人工作室的探索实践①

曾少华　何新仕　邓东力②

为改革创新广播电视体制机制，鼓励优秀人才创新创业，提升节目质量和影响力，2016 年广东广播电视台拉开了工作室改革的序幕。3 月 29 日，以广播主持人名字命名的工作室——"黎婉仪财富管理工作室"正式挂牌成立，这是广东广播电视台工作室改革的第一个成果。6 月 16 日，另一个以广播主持人为核心的工作室——"尹铮铮工作室"成立，这是广东广播电视台第一家以新闻资讯传播和融媒体内容生产为主体的工作室。这两个工作室作为运作相对独立的工作团队，秉持"创新管理，人尽其才"的理念，以节目生产、项目运营为中心，调动台内资源和社会资源，拓展对外合作和品牌运营，开辟节目生产与新媒体运营的创新之路。

黎婉仪财富管理工作室、尹铮铮工作室是广东广播改革创新的一个尝试。工作室跨界广播、电视以及网络，制作多种类型的节目，并将节目内容产品化、市场化，打造新的传媒运营模式，成为节目生产、项目运营、媒体融合、市场化拓展的创新平台。

一、节目运作创新：建立新的节目运营与管理模式

工作室改革的制度安排由广东广播电视台改革办统筹，此外，广东广播电视台还为工作室负责人提供"两大支持"和"四大权限"。"两大支持"即启动资金、同等情况内部资源优先享有。"四大权限"，指团队组建权、经费支配权、收益奖励权、创意自主权四个权限。工作室实行团队化

---

① 发表于《中国记者》2017 年第 1 期。

② 何新仕，广东广播电视台珠江经济台副总监、主任记者；邓东力，广东广播电视台新闻广播副总监、主任编辑。

管理模式，面向台内部以及社会参与市场化竞争。在管理模式上，工作室负责人与频率及台内公司签订协议，以台内公司作为工作室的管理公司，设立专用账户管理。广东广播电视台给予启动资金，工作室按计划每年上缴经营利润。

黎婉仪财富管理工作室、尹铮铮工作室是以品牌节目为基础，品牌主持人为核心建立起来的节目制作团队，工作室品牌是主持人节目品牌的延伸与拓展。黎婉仪主持的《风云再汇》原是一档只在周六播出一小时的财经广播节目，2015 年 2 月，《风云再汇》选择与众筹网合作，仅用 13 天通过众筹方式成功吸引了 1 410 位用户付款，募集到节目一年的制作费用共计 888 976 元，成为中国广播节目成功众筹的第一例，"众筹广播——风云再汇"全媒体项目入选第十一届中国传媒年会"2014—2016 中国广电媒体融合创新案例 20 佳"。尹铮铮是广东广播电视台新闻广播新闻资讯节目监制、《民生热线》和《直播广东》节目主持人、广东电视珠江频道《今日关注》节目主持人、广东卫视《全球零距离》节目嘉宾，并在 X 直播、荔枝台·广东广播在线开设在线专栏，同时还是蜻蜓 FM"尹铮铮声音工厂"的"领头羊"。

这两个工作室以团队管理模式替代传统的栏目化管理、部门管理模式，实现了管理架构扁平化、工作高效化，打破了传统广播主持人"单打独斗"的节目生产方式，是广播体制内部创新与管理创新的尝试。工作室以知名主持人为基石，但并不仅仅局限于为主持人量身定做节目，而是重在发挥品牌主持人的品牌影响力，聚集资源，做整合营销。工作室内部设有统筹、宣传、营销、主持、编辑、推广等不同岗位，岗位分工责任权利明确，职责明晰，共同致力于统筹把控全局、提供创意、宣传负责节目品牌宣传、主持突出业务、编辑组织内容、推广进行市场运营。核心主持人作为工作室负责人实际上是以制作人的身份参与其中，团队以类公司化模式进行运营，核心主持人相当于首席执行官，这种制度安排大大激发了工作室负责人发展和扩张业务的内生动力。

2016 年，黎婉仪财富管理工作室联手珠江经济台、股市广播、头条影音等平台联合制作了融媒财经节目《财经铁三角》，将台内财经节目以及新媒体宣传平台等各种资源整合起来，在打造节目品牌的同时，扩大了工作室的影响力。该节目自 2016 年 5 月推出后，引起听众、粉丝的热烈追捧。"酷 FM"移动收听平台的统计数据显示，每期实时收听人数已经超过 10 万人。此外，节目以户外活动形式进行，除了在珠江经济台、股市广播播出外，现场还同步进行微信音视频、图文直播，成为黎婉仪财富管理工作室成立后新推出的融媒品牌栏目。

里约奥运会期间，尹铮铮工作室推出"为强者点赞"的奥运系列融媒体报道。主持人尹铮铮作为奥运特派持证记者赴巴西采访，他与工作室团队成员密切配合，打破传统奥运报道范式，广播、电视与新媒体结合进行立体传播，以广播、图文、视频、直播等多种报道形式，打造全新的奥运资讯平台、互动平台，为公众提供新鲜多元的奥运视角，带来轻松有趣、真实互动的奥运体验，打了一场漂亮的"奥运宣传战"。

工作室团队化、市场化的运作模式从单纯依靠节目核心主持人的个人影响力进行节目宣传，逐步向品牌策划、营销推广、新媒体运作等各个领域发力，使工作室有精力、有资源做好节目和线下活动，让工作室的品牌优势发扬光大。

尹铮铮工作室依托广播、电视以及网络等，吸纳社会合作力量，共同打造以声音、视频和文字等多种形式进行报道的综合新闻、资讯和评论类节目，致力于内容的精准传播，吸引有影响力的高端人群。

二、激励机制创新：释放潜能与激发动力

广东广播电视台为工作室设计了运营目标、奖励制度及考核办法。工作室每年需上缴一定额度的利润并按比例逐年递增，到第四年重新制定每年上缴的利润额度。每年扣除上缴利润后，剩余净利润的 50% 再投入发展，50% 可作为整个工作室团队完成创收任务的奖励，其中工作室负责人可最高拿奖励总额的 60%，剩余的 40% 分配给团队里的其他人。台里每年会对工作室进行年度考核，如工作室未能完成既定任务，将考虑解散或者重组，并扣罚负责人年终奖，对工作室其他人员也做出相应扣罚。这些制度借鉴了市场化运营方式，同时又提供有效保障，可以说是切实可行的激励政策。这些激励政策较好地体现了团队对激励机制的共识，有利于团队

自主运作壮大与内部的良性循环。

黎婉仪财富管理工作室、尹铮铮工作室都是以知名主持人为主导成立的工作室，主持人转型成为团队负责人，大大提升了他们的工作热情与责任感，他们的团队成员都拥有相似的价值观与相同的团队目标，有利于团队合力的形成，为节目生产和工作室运作注入活力。

工作室负责人具有一定的团队人员岗位与绩效的设置和分配权，具有一定的人员选用权、经费自主权、品牌推广与合作权，可根据需要在台内或台外招聘其需要的人员，在机制上更加灵活。工作室外聘人员的劳动关系及管理由台的管理公司负责，外聘人员的薪酬制度、绩效考核及福利政策等由工作室制定，工作室可以通过设置节目运作指标、奖励指标、新媒体拓展指标等管理指标，有针对性地对团队行为进行奖励，推动节目与经营的融合。

三、以"广播+"思路带动创新：拓展发展空间

2014 年广东广播首次提出"广播+"的发展思路，强调在"互联网+"时代，在做"互联网+"时，要坚持以广播为主体，主动融合，而不是被动式被"+"以此在互联网时代全方位拓展广播的发展空间，实现广播新媒体的转型升级。

在"广播+"的思路指导下，黎婉仪财富管理工作室、尹铮铮工作室在成立之初就利用荔枝台·广东广播在线（RGD）、官方微博、官方微信、手机客户端等平台进行营销推广，整合新媒体资源，综合运营广播新媒体，通过新媒体渠道和平台的运营拓展，突破传统广播的地域局限。

黎婉仪财富管理工作室整合基金公司、券商、文化产权交易所、连锁经营协会、房地产中介、众筹网站等资源，与相关机构合作，创立"线上投资教育+线下项目推广"的传播模式。同时，举办投资讲座及全省巡回报告会等线下活动，整合海内外财经领域及媒体的优势资源，组建财经活动策划及执行团队，打造一个广播电视及互联网全覆盖的提供财经节目内容的平台。工作室的品牌价值吸引了目标人群和利益相关方，让各方在此基础上搭建合作平台，释放资源，共同推进，实现共赢。

黎婉仪财富管理工作室因众筹成功而推出的听众粉丝聚会"风云饭局",开创国内财经"草根"社交模式,打造"粉丝圈经济",成为广播界及财经界关注的一个焦点。工作室通过电商平台收集和分析听众粉丝的数据,通过数据分析出听众粉丝的喜好、行为习惯、价格接受度等,研究听众粉丝对什么内容最感兴趣,由此可跟踪、可研究、可对比听众粉丝,从而推动广播节目和活动的设计,有助于工作室推出更有吸引力的广播节目,开展更有创意的营销活动,发展更多新听众(用户)。

尹铮铮工作室通过新媒体平台创新经营模式。里约奥运会期间,工作室在微信公众平台开展的"礼约奥运惠·强者抢金牌"游戏,吸引了过万用户参与,与中国人寿保险公司合作推出"为强者点赞"微信游戏,在"广东新闻广播"微信公众号传播,中国人寿省、市两级公司的微信公众号同时也积极转发,影响力呈几何倍数增长,不仅让受众获得实惠,也使活动达到理想的宣传效果,实现双赢。

尹铮铮工作室于2016年底启动"真声音"视听新媒体平台。"真声音"视听新媒体平台是尹铮铮工作室配合广东新闻广播新媒体战略大计而牵头打造的集合音频、文字和视频的平台。作为新闻广播"广播+"战略的重要一步,它是音视频节目的生产者,也是音视新生代的孵化场和视听衍生品的新平台。尹铮铮工作室提出"广播24小时+"的概念,即在传统广播之外,集合优秀年轻人才,利用现有的视频直播平台,设定时间和内容开展视频节目直播,将在2017年推出的节目有《主播方言秀》《说学逗唱新闻坊》《学说天下》等,节目在原有广播播出的基础上,引入微视频和直播网友互动,使节目内容得到二次开发和传播。

四、先导效应:营造创新氛围

工作室改革产生了"先导效应",广东广播众多节目主持人以节目、资源以及号召力等要素,进行了各式各样的尝试。

粤剧节目《我和老倌有个饭局》,以主持人雄标为聚合点,推出"老倌饭局",每次活动都邀请粤剧名家来讲解、分享,传承、传播地方特色文化。该节目融多媒体传播、粤剧演绎欣赏、抢购入场券以及开发经营客

户于一体，十分受欢迎。

夜间音乐节目《拉阔星空》，主持人悟空在广州珠江新城举办富有情怀的听迷聚会"拉阔星空聚有煮意"，其最大特色就是通过珠江经济台呼啦商城秒杀抢购活动参与名额，举办听众美食品尝见面活动。2016年7月21日开卖当天，仅20分钟的时间，150个名额全部被抢购。

在融媒体时代，广东广播以"广播+"战略为指导，形成人人谋创新的氛围，全员新媒体化、团队全媒体化的管理思路促使广东广播人加快改革创新的步伐。

五、结语

工作室的创新是广东广播电视台改革发展和融合转型的新探索。工作室改革的目的在于以人才撬动创新，挖掘品牌主持人的潜力，创立新的传媒运营模式，调动各种资源拓展对外合作和品牌运营。

工作室改革优化了广播节目的生产流程，创造了一个与日常广播生产协同发展的新生态圈，也给传统广播生态带来了一种新的改变。工作室的孵化器功能初步显现：从创造效益的角度看，工作室脱离了传统广播单一的广告收入模式，利用互联网属性，开创了一种新的盈利模式；从传播对象的角度看，听众群体从大众转变为目标小众，以圈子形式达成一种紧密互动的关系；从传播效果的角度看，节目流程因应互联网思维进行再造，突破广播单一的传播方式，通过新媒体网络进行多样化传播。

广东广播主持人工作室在融媒体大潮下刚刚起步，目前尚处在增加受众的节目依附度、扩大节目影响力的阶段，市场推广才刚刚开始运营，工作室人员构成仍然以内容生产为主，缺乏品牌开发及运营人才，在提升内容品质、拓宽传播渠道、发展品牌、拓展营销、实现盈利等方面还有很长的路要走，需进一步深化改革，进行更多的探索；但是，其运作模式代表了当今广播发展的一种方向，具有重要的实践价值。广东广播主持人工作室改革让主持人成为"新的价值"创造者，"广播+"有了人的激励，就能给广播带来可持续的发展前景，创造广播发展新生态。

媒体转型升级，从六个引爆点着手

赵随意①

在基于移动互联、大数据和人工智能等新技术日益成熟的 Web 3.0 互联网媒体时代，媒体转型升级已成为热点，各媒体均在加紧探索转思维、找路径、建团队、组项目的路径。媒体转型升级应该在战略上有布局，策略上有规划，体制机制上有政策，人力资源上有配套，必须力争在最短时间内完成转型升级。我们要以先进的管理理念、技术研发、资本运作积极投身到全媒体时代愈演愈烈的传媒革命中，我认为完成媒体转型升级应从六个引爆点着手。

引爆点一： 平台建设

首先要形成规模。平台建设要想有规模，就应在精英人才的招募、重装备的硬件投入、自主创新的软件开发、产品的推广营销等方面敢于投入，才有可能形成规模、进入前列。

形成规模的要点是技术建设。一定要加大投入：全媒体的矩阵总控、中央厨房、大型数据中心、云端存储、平台间端口通道等硬件及软件开发建设，以及各种新兴媒体产品开发和 APP 研制、开发及推广。

创建规模化的数据平台。数据平台由云计算和大数据组成，云计算包括私有云、公有云和混合云；大数据囊括原生数据、归纳数据、分析数据、管理数据等。打破单一的媒体传播范畴，拓展重要数据资源，培育综合政务、金融、资讯、交易一类的数据服务商。数据越多就越有逻辑，逻辑越强决策就越准确。建设云计算和大数据平台，是整合、优化和提升媒

---

① 赵随意，广东广播电视台副总编辑，南方财经全媒体集团总编辑。

体资源效用的突破性实践，是媒体升级向集团化、矩阵化、功能化发展的主要方向，是建成生态闭环的重要环节。

建设智能化传播平台：大数据技术平台、智能生产和传播平台、用户沉淀平台。凭借专业化的媒体数据库，尤其是内容数据库、客户数据库、用户数据库形成垂直形态的云端，为用户提供全方位、海量的行业数据和资讯服务，充分发挥智能化传播优势，在数据的获取、归纳、分析、处置、管理等方面形成自己独有的特色，生成独有算法，获取用户消费画像，做到按需分类、精准传播和个性服务。把集聚用户、吸引用户、服务用户作为出发点、着力点和落脚点，满足从信息采集、数据脱敏、一站式生成、全媒体发布到数据化分析、程序化处理、智能化对接、精准化服务等多重需求。

建设总控矩阵链接平台。要形成一个圆球体、蜘蛛网式的总控矩阵链接，把报纸、电视、广播、杂志、画报、网站、APP 等媒体端口链接在一个平台上，形成一个统一指挥、协同作战的布局。没有矩阵就形成不了合力，形成不了品牌；没有矩阵就是浪费资源、增加成本；没有矩阵就是散兵作战，形不成集团作战效应；没有矩阵就永远是小农经济，不能形成自己的生态闭环。

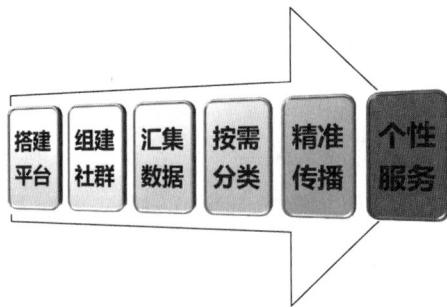

平台型媒体建设之路

形成大型全媒体规模是媒体转型升级的基础，技术的先进性是转型升级的依托，云计算和大数据是转型升级的条件，矩阵和链接是转型升级的最大优势。打造集新闻、娱乐、体育、财经、影视、游戏、商品等为一体的形态多样、手段先进、具有强大竞争力的传播平台是完整产业链和生态闭环的关键。平台型媒体建设是占领传播高地的重中之重，拥有平台就拥有管控权、指挥权和话语权。

引爆点二： 内容产品

首先需要理解"与其更好，不如不同"的深刻含义，内容产品布局不在于更多，而在于权威；不在于更大，而在于专业；不在于更广，而在于精准；不在于更高，而在于贴切；不在于更好，而在于与众不同。

应尊重互联网多元、平等、包容的文化属性。传统媒体普遍存在着忽略互联网的亚文化特质，甚至瞧不起亚文化，没有认识到亚文化部落的崛起势不可挡，亚文化以青年人为主体，占据未来市场份额，市场潜力与商业机会巨大。我认为，这也是我们的阵地。能否实现高点击量，内容产品是否具有奇异性、唯一性、超凡性、病毒性是关键。新媒体的产品只有能使更多用户点击观看、倾听、转发、购买、使用、把玩，才能体现真正的价值。其中，"玩"是一种体验，应该将主流文化与亚文化、主流媒体与泛娱乐融会，要使用户感受到快乐。

APP及互联网传播端口内容产品，要准确把握新媒体的痛点，发扬光大新媒体的爽点，克服消除新媒体的怒点，只有把这三点抓好才能成为用户喜欢的新媒体产品。

要加快市场推广和产品研发，开发研究智能资讯、数字资讯、算法资讯、机器人资讯。OGC（职业生产内容），这是传统媒体得天独厚的优势，是我们的立业之基；与此同时，我们还要整合PGC（专业生产内容），以进一步提升媒体的权威性和影响力；更为重要的是对UGC（用户生产内容）的开发和鼓励，向UGC开放产品平台，让更多的用户提供来自基层、最接地气的内容产品。

引爆点三： 资源整合

融合就是资源整合。将传统媒体与新兴媒体融合就是最大的资源整

合，打破传统媒体的管理模式，运用采编一体化平台，在统一指挥调度下，融合多种技术，适应多介质信息生成的总控矩阵、中央厨房、数据中心、链接平台，全面负责报纸、电视、广播、杂志等传统媒体和网站、APP、微博、微信等新兴媒体的内容制作和分发。要培育装备齐全的全媒体记者，让他们对视频、图片、文字、音频等新闻要素熟练于心，把中央厨房多灶眼的问题处理好，建成一个多灶眼的中央厨房，形成一次采集，多灶眼加工，全渠道分发；要让所有的记者、编辑、主持人、播音、监制、总监等岗位人员都用全媒体思维和视角制作产品，高效利用稀缺有限资源。实际上，这是将报纸、广播、电视、杂志及网站的编辑部整合成统一的全媒体新闻中心，探索全平台360度采编，实现"创意未来"全媒体战略计划。从传统媒体的分散到采编一体化平台的集中，是媒体流程再造的一次重大变革。

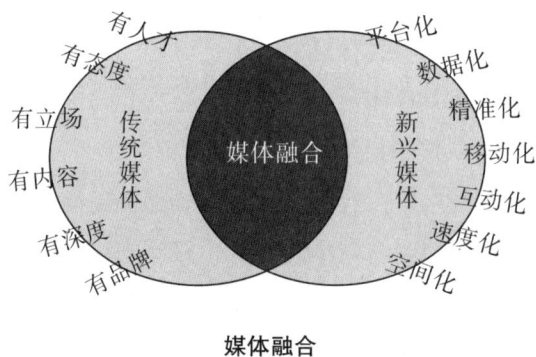

媒体融合

尤其要重视跨界的媒体资源整合，推动广电媒体与平面媒体等跨介质深度融合，推动媒体发展与各行业资讯、数据交易跨业态融合。整合网站、新闻客户端等平台，预留发展端口，嫁接外部富有市场活力的优质媒体资源以及具有行业领先优势的软硬件基础和发展空间。

引爆点四： 传播形态

我们应遵循新兴媒体移动性和交互性的传播规律，将传统媒体单一、单向和固定的传播方式，变为新兴媒体多屏、移动和交互的传播方式。

传统媒体与新媒体的传播规律对比

	传统媒体	新兴媒体
文化根基	内容	人
系统特质	封闭的、集权的	开放的、分权的
内容生产主体	媒体自身	媒体与用户
用户的角色	被俯视的、被教化的	平等的、参与其中的
内容的价值开发	主要是核心价值开发	多层面价值开发
文化特质	庙堂式的	江湖式的
盈利模式的基础	媒体的权威性	用户的参与性
传播方式	单一、单向、固定	多屏、移动、交互

一定要用差异化思维办新兴媒体，要有从 0 到 1 的创新精神，努力创办"前不见古人，后不见来者"独一无二的 APP 及互联网终端。在产品的唯一性、平台的独特性、社群的黏合性、渠道的快捷性、服务的体贴性、技术的先进性等方面都能做到最好，就做到了与众不同。

场景的设置是新兴媒体的首要环节。所有移动互联网的产品和服务都是基于场景创造的，所有关于移动互联网的战争都是基于场景的争夺。谁能了解场景，谁就站在了"风口"上；谁能占据场景，谁就能赢得未来。身处场景媒体时代，媒体必须重塑与人的连接，重新构建媒介消费生态。做新兴媒体就是要抓住和利用"移动、客厅、消费、汽车"等大大小小的细分场景。

要抓住社交产品垂直领域关系链的机会，加强弱关系和泛关系的链接。尤其是要在移动终端上抢占制高点，因为移动终端是用户体验的要点，也是市场机遇的关键点，是我们争夺的目标和引爆的战场，因而须牢记"得移动终端者则得天下"。

传播的介质变了

传播的影响变了　　传播的通道变了

传播的时代变了　　传播的速度变了

传播的量级变了

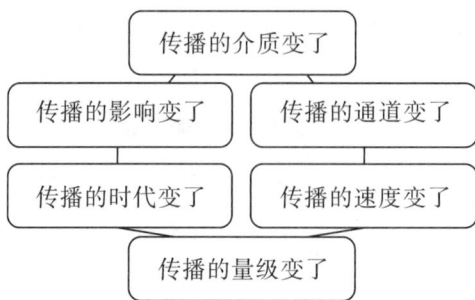

移动终端改变的传播力

引爆点五： 资本运作

媒体转型升级的重要手段是要充分利用资本的杠杆，通过引资、投资和并购等资本手段激活媒体。积极推进属下企业上市，引入券商等中介机构，通过重组等手段，实现登陆资本市场。依法依规探索实施部分骨干员工和管理层持股计划，积极探索各种创意工作室、事业合伙人和合伙创始人等机制，充分运用众筹、众包和联盟等共享经济方式，根据资本业务设置投融资管理部门，对经营业务按照市场化方式进行管理，形成符合市场化发展的激励机制。建设融资平台，引入战略投资者，以市场化估值对外融资，以解决媒体融合发展所需要的资金、技术、体制机制等问题。

着力构筑媒体融合发展的资金保障，打造标杆项目和拳头产品，建立类似媒体融合发展投资基金、新媒体产业基金等项目，通过金融与文化的融合，解决文化企业融资难的问题，增强媒体发展的强劲动力。

在传统媒体保证线性增长的基础上，力争新兴媒体能有指数级增长的空间，因为指数级增长已成为评估新兴媒体的最大公约数。

引爆点六： 经营模式

媒体单靠广告经营模式打天下的历史已基本结束，更多的是考虑多元化、产业化、规模化、精准化运营思路。紧抓共享经济，"我的就是你的"！你可以没有所有权但可以共享，在共享经济的推动下实现共赢。紧抓粉丝经济，增强粉丝们的社群意识、黏合性和忠诚度，构成独有的粉丝经济圈。

紧抓产业经济，要打造自身上下游贯通的产品和系列衍生产品，形成产业链。建设文化交易平台，推进文化产权交易、文化企业投融资、文化产品金融创新等业务。紧抓电商经济，我们的 APP 和微信公众号均有链接电商业务，能够聚集各种各样的产品进行销售，充分利用线上线下形成独有的 O2O 商业模式。紧抓新媒体经济，探索互联网 B2B 撮合贸易和 B2C 或 C2C 自营交易，新兴媒体的盈利模式一定要清晰可见，把握好互联网的开放和共享特点，控制获客成本，加速产品迭代，提高转化率和流量变现，把盈利和创造价值作为我们的最终目的。

总之，"沉舟侧畔千帆过，病树前头万木春"。在坚持以国家利益为主旨的前提下，坚信用户体验检验一切的道理。深刻理解彼得·德鲁克的"做正确的事，正确地做事"和凯文·凯利的"与其解决问题，不如寻找机遇"的含义，力争在最短时间内完成媒体转型升级。

强势打造财经媒体融合发展新标杆

——南方财经全媒体集团横空出世

赵随意

新成立的南方财经全媒体集团是由南方报业传媒集团和广东广播电视台共同发起组建的，整合了报纸、杂志、电视、广播、网站、新闻客户端等产品的，具有强大竞争力的财经全媒体事业群。在基于移动互联、大数据和人工智能等新技术日益成熟的 Web 3.0 互联网媒体时代，南方财经全媒体集团需要顺应潮流，以先进的管理理念、技术研发、资本运作等优势积极投身全媒体时代愈演愈烈的传媒革命中，进行跨界融合。正如广东省委常委、宣传部部长慎海雄所言：南方财经全媒体集团将以"媒体＋金融"等途径促进转型融合发展，打造具有全国影响力和国际影响力的新型主流媒体。

一、战略部署独树一帜，应声而动非同一般。这是贯彻落实中央加快媒体融合发展重大战略部署，巩固壮大主流舆论阵地的重要成果，也是顺应国际形势、配合国家战略的重大举措，为媒体融合和转型升级奏响了进军号

南方财经全媒体集团成立的战略意义非常重要。随着"一带一路"国家战略的全面铺开，我国经济将得到快速发展，并会在较短时间内出现一个大的跨越。广东是中国经济第一大省，GDP 总量已连续 27 年稳居全国首位；广东是世界的投资宝地，世界 500 强企业大多数落户广东；广东是对外投资大省，对外投资总量稳居全国各省市首位，企业"走出去"足迹遍布全球 130 多个国家和地区；广东是人口大省，常住人口 1.08 亿；广东还是金融大省，金融资产存量达 15 万亿元以上，占全国九分之一，同时也是财经资源大省。

习近平总书记强调"要着力打造一批形态多样、手段先进、具有竞争力的新型主流媒体，建成几家拥有强大实力和传播力、公信力、影响力的新型媒体集团"。党的十八届五中全会已经明确指出要"积极参与全球经济治理"。财经媒体具有监测经济环境、传播财经信息，设置经济议题、影响社会舆论的功能，对经济运行起到极为重要的作用。一个严谨、权威的财经媒体，不仅能够服务于经济发展，还能够创造巨大的价值。在中国经济不断影响世界的今天，尽快做大做强财经媒体，是抢占全球经济话语权的战略需要。

2016年的政府工作报告专门提及媒体融合，可见媒体融合已经上升到了国家战略的高度。南方财经全媒体集团是融合南方报业传媒集团和广东广播电视台两大媒体的雄厚资源，搭建全媒体平台，计划打造成为我国经济宣传的重要舆论阵地、可与国际著名财经媒体集团比肩的媒体矩阵。

中央政治局委员、广东省委书记胡春华同志高度重视南方财经全媒体集团的组建工作，多次听取广东省委常委、宣传部部长慎海雄同志汇报，审定改革方案，对集团筹建、报批、运行和班子建设等做出明确指示。广东省省长朱小丹同志在省委宣传部《关于中宣部批复组建南方财经全媒体集团情况的报告》上批示：组建南方财经全媒体集团，是发展壮大财经领域主流舆论阵地、促进全媒体融合发展、增强媒体服务经济建设中心功能的创新举措。要找准定位、明确目标、大胆探索、开拓创新，力求将其建设成为国内领先、国际知名、具有强大影响力和公信力的综合性财经媒体，为全省经济持续健康稳定发展做贡献。

广东省委常委、宣传部部长慎海雄运用远大的战略思维、高远的视野观察、大魄力和大手笔布局，结合广东实际，明确提出，整合南方报业传媒集团和广东广播电视台优质资源和经营性资产，组建南方财经全媒体集团。慎海雄部长在筹建工作中多次强调：国家利益高于一切，用户体验检验一切，在高举国家金融信息安全旗帜的前提下，把用户体验做到极致。立足广东，肩负国家使命和责任，服务广东、服务国家战略、参与全球竞争的宏大事业。

所以说，南方财经全媒体集团的成立，是在广东省委省政府的关心支持下，由省委宣传部着力打造的媒体融合发展标杆项目，将在新型主流媒体功能基础上，继续深度跨界融合，拓展财经信息数据服务、参与金融交易业务，形成媒体、数据、交易三大骨干业务板块，内容涵盖银行、保险、信托、证券、期货、基金等现代金融体系的各个范畴。这是顺应经济趋势、配合国家战略、领先时代变革之举，广东已奏响媒体改革的进军号。

二、资源聚合前所未有，敢为人先勇立潮头。这是对全介质媒体生态的融合再造，集结了人才、资源、渠道、用户、技术、产业等，为实现全媒体、全产业传媒集团夯实基础，成为媒体转型升级的领跑者

广东省委常委、宣传部部长慎海雄在人民日报社举办的"2016 媒体融合发展论坛"上指出，坚持创新为要，积极推动理念、内容、形式、方法、手段、业态、体制机制等全方位创新，强化互联网思维和一体化发展理念，推动传统主流媒体进行资源优化整合，不断推动媒体融合发展取得新的进展。南方财经全媒体集团首先要进行资源聚合，应在精英人才的吸纳、基础平台的搭建、技术装备的配置、自主软件的开发、主导产品的研发、经营模式的探索等方面进行聚合。

人才资源的聚合。南方财经全媒体集团集聚了两大媒体优秀的精英团队，团队成员既有新锐的传媒先锋，也有资深的舆论舵手，他们都在各自领域中拥有丰富的经验和广阔的视野，这也是我们常说的 OGC（职业生产内容），这是我们传统媒体得天独厚的优势，这是我们的立业之基。与此同时，我们还要整合 PGC（专业生产内容），以进一步提升媒体的权威性和影响力。更为重要的是要聚合 UGC（用户生产内容），为 UGC 开放产品平台，让更多的用户为我们提供来自基层、最接地气的内容产品。

采编资源的聚合。南方财经全媒体集团将打破传统媒体的管理模式，运用集团采编一体化平台，在统一指挥调度下，融合多种技术，适应多介质信息生成的总控矩阵、中央厨房、数据中心、链接平台，全面负责报纸、电视、广播、杂志等传统媒体和网站、APP、微博、微信等新兴媒体的内容制作和分发。要打造装备齐全的全媒体记者，所有采编人员都要用全媒体思维和视角制作产品，在全媒体领域充分利用稀缺有限资源。实际上，这是将报纸、广播、电视、杂志及网站的编辑部整合成统一的全媒体财经新闻中心，探索全平台360度采编，实现"创意未来"全媒体战略计划。从传统媒体的分散到采编一体化平台的集中，是媒体流程再造的一次重大变革，需要有敢为人先的胆识和互联网时代的管控思维。

媒体资源的聚合。南方财经全媒体集团是南方报业传媒集团和广东广播电视台最优质财经媒体资源的聚合。"第一次推动广电媒体与平面媒体跨介质深度融合，第一次推动媒体发展与金融资讯、数据交易跨业态融合，在体制机制上做出大胆突破。"南方财经全媒体集团拥有全国财经类媒体首位的21世纪报系旗下媒体资源，拥有广东广播电视台优质的财经类电视频道、广播频率和证券咨询牌照等稀缺资源。整合网站、新闻客户端等平台，预留发展端口，嫁接集团外部富有市场活力的优质媒体资源以及具有打造全球知名财经全媒体能力的软硬件基础和发展空间。

三、平台构建重中之重，基础建设未雨绸缪。南方财经全媒体集团平台建设的构想是具有前瞻性的，资金投入是国内外媒体建设中史无前例的，将全力打造立足华南，辐射全国，影响全球的财经全媒体产业链，进一步扩大辐射力

南方财经全媒体集团的平台建设最为重要。为了精准进行平台的投入和建设，广东省委常委、宣传部部长慎海雄多次率省委宣传部、南方报业传媒集团和广东广播电视台等相关负责人前往国内外考察、参观和学习，与国外知名财经全媒体集团探讨合作的模式和前景。

南方财经全媒体集团的平台，主要是媒体平台、数据平台和交易平台。在南方财经全媒体集团矩阵下，三大平台建设将通过强链接，形成独有的产业链和生态圈。

这次南方财经全媒体集团在平台建设方面是空前的，资金的投入在国内外的媒体建设中是史无前例的。全媒体的矩阵总控、中央厨房、大型数据中心、云端存储、各类金融交易平台、平台间端口通道等硬件及软件开发建设，以及各种新兴媒体产品开发和APP平台的研制、开发及推广都将

是这次平台建设的重点。

南方财经全媒体集团已经达成共识：规模效率是平台建设的基础，先进技术是平台建设的依托，云计算和大数据是平台建设的条件，链接和矩阵是平台建设的最大优势。打造形态多样、手段先进、具有强大竞争力的传播平台是完整产业链和生态闭环的关键。所以说，南方财经全媒体集团的平台建设是占领传播高地的重中之重，拥有平台就拥有管控权、指挥权和话语权。

四、资本运作空间巨大，体制机制创新不断。运用资本的杠杆和灵活的资本手段激活机体，大型的基金和授信额是推进融合发展的强大资金后盾，成为广东乃至全国文化体制改革和现代金融文化产业新引擎

广东省委常委、宣传部部长慎海雄表示：广东是文化大省，也是金融大省，"文化 + 金融"的合作模式将产生裂变效应，破解发展瓶颈。近年来，广东大力贯彻落实中央部署，切实解决文化企业融资难的问题，通过金融与文化的融合，打通文化产业发展的任督二脉，增强了广东文化发展的强劲动力。广东着力构筑媒体融合发展的资金保障，打造标杆项目和拳头产品，相继成立了广东南方媒体融合发展投资基金、广东省新媒体产业基金，两笔资金融资规模均达到 100 亿元。2016 年 11 月 8 日广东省委宣传部与浦发银行签订向广东文化企业提供不低于 500 亿元的授信额度。目前全省文化企业累计授信额超过 1 000 亿元，实际贷款超过 100 亿元。这些基金及授信额，将是推进南方财经全媒体集团融合发展的强大资金后盾。

南方财经全媒体集团将充分利用资本的杠杆，通过引资、投资和并购等资本手段激活媒体。以集团或属下企业作为融资平台，引入战略投资者，以市场化估值对外融资，以解决集团公司发展所需要的资金、技术、体制机制等问题。

南方财经全媒体集团将积极推进属下企业上市，引入券商等中介机构，根据集团业务发展的阶段和国内资本市场的情况，通过重组等手段，

实现登陆资本市场。依法依规探索实施部分骨干员工和管理层持股计划，积极探索各种创意工作室、事业合伙人和合伙创始人等机制，充分运用众筹、众包和联盟等共享经济方式，将根据资本业务设置投融资管理部门，对经营业务按照市场化方式进行管理，形成符合市场化发展的激励机制。

五、内容产品种类齐全，传播形态绚丽多彩。巩固壮大主流舆论阵地，在舆论宣传上，牢牢把握领导权，切实加强管控权，着力提高话语权，让广东故事、中国声音传得更远、覆盖更广，树立平台型媒体新标杆

内容产品建设首先要理解"与其更好，不如不同"的深刻含义。南方财经全媒体集团的内容产品布局不在于更多，而在于权威；不在于更大，而在于专业；不在于更广，而在于精准；不在于更高，而在于多贴切；不在于更好，而在于与众不同。

在平面媒体业务方面，推动《21世纪经济报道》不断改版和全媒体采编一体化建设，加快多元传播格局下出版方式和经营模式的转型升级，确保《21世纪经济报道》成为国内最具影响力和国际知名的财经报纸之一。推动《21世纪商业评论》《快公司》《城市画报》《投资快报》等杂志和报纸差异化发展，创新经营方式，力争成为各自领域的标杆媒体。

在广播影视业务方面，将广东广播电视台经济科教频道和股市广播频率等优质资源融入，打造国内顶尖的广播影视财经内容产品群。以经济科教频道、股市广播频率、21V视频工作室为基础，结合《21世纪经济报道》强大的财经新闻采编资源，向财经视频及音频等广播影视领域拓展。组建移动音视频中心，生产适合手机、公交、地铁、小区等碎片化场景、全天候观看收听的系列音视频产品，在移动音视频领域建立具有全国影响力的品牌。开办音视频类网站，打造财经音视频的网络社交平台。

在新媒体业务方面，要有从0到1的创新精神，要做到颠覆性的创新，加强包括21世纪经济报道APP、21经济网、21财经搜索、社交媒体矩阵以及财富动力网等在内的新媒体群建设。全面整合新媒体资源，打造出全新的南方财经全媒体集团APP及互联网传播端口平台，加快市场推广和产

品研发，不断改善用户体验，牢记"得移动终端者则得天下"。大力研发智能化、精准化、个性化传播服务功能，这是新媒体未来的发展方向。打造成国内领先的移动财经客户端，对接金融机构开通交易功能。打造财经新媒体矩阵总控平台，构建国内首屈一指的财经新媒体生态平台系统。服务"积极参与全球经济治理"的决策部署，积极筹建财经类英文网站，掌握全球经济话语权。

六、云端存储无限可能，数据资源成变现之源。建造数据中心，拓展数据服务，推动数据交易，数据就是核心竞争力，锻造金融新生态，成为推进文化强省、金融强省，提高国际竞争力的助推器

南方财经全媒体集团将打造最具规模的数据平台。这数据平台由云计算和大数据组成，云计算包括私有云、公有云和混合云；大数据囊括原生数据、归纳数据、分析数据、管理数据等。这打破单一的媒体传播范畴，拓展延伸至政务服务数据、金融运营数据、财经信息数据、个人消费数据等重要数据资源，培育综合政务、金融、资讯、交易数据服务商。建设云计算和大数据平台，是整合、优化和提升财经类媒体资源效用的突破性实践，是财经类媒体集团化、矩阵化、功能化发展的主要方向，是建成生态闭环的重要环节。

我们将凭借专业化的媒体数据库，尤其是内容数据库、客户数据库、用户数据库形成垂直形态的云端，生成独有算法，为用户提供全方位、海量的行业数据和各类财经资讯服务。充分发挥智能化传播优势，建设智能化传播平台：大数据技术平台、智能生产和传播平台、用户沉淀平台，以满足用户从信息采集、数据脱敏、一站式生成、全媒体发布到数据化分析、程序化处理、智能化对接、精准化服务等多重需求。

要把集聚用户、吸引用户、服务用户作为出发点、着力点和落脚点，利用云计算和大数据获取用户消费画像，做到按需分类、精准传播和个性服务。

编制并发布权威性的经济指数和指标，成为人们对经济形势做出判断的基本根据，继而发展成众多大型企业与专业咨询公司对经济形势和市场趋势进行分析的重要根据，最终成为国内经济形势的风向标之一。打造专业化的媒体数据库是南方财经全媒体集团媒体核心竞争力所在。

七、交易平台核心钩子，产业品类多元延伸。紧抓交易平台建设，在银行、保险、股市、期市、汇市、债市、金市等交易市场发挥作用，有所作为，通过舆论的引导和市场的监督，树立金融市场风向标

媒体单靠广告经营模式打天下的历史已基本结束，更多的是考虑多元化、产业化、规模化、精准化运营，在共享经济的推动下实现共赢。共享经济将是南方财经全媒体集团的一种重要经营模式。我们强调的是高端化、权威性、专业度的一种俱乐部经济或会员经济，打造的是面向高端人群的俱乐部社区，提供的是财经咨询、数据服务、股市直播、VIP 增值服务、会员定制服务等，建立财经专业人士和广大用户黏性更强、忠诚度更高、交互性更好的社群。

南方财经全媒体集团将在财经全媒体和金融数据平台的基础上，积极参与各项金融交易业务，盘活证券咨询等理财类牌照资源，打造交易平台或链接交易端口，包括银行交易、保险业务、证券交易、信托理财、期货交易、大宗商品交易、文化金融交易、金融资产交易和金融要素交易等平台建设工作。南方财经全媒体集团将以交易平台为目标，紧抓三种经济：紧抓产业经济，打造自己上下游贯通的产品和系列衍生产品，形成产业链，同时挖掘产业链相关投资机会，形成涵盖集团各板块的生态孵化和投融资交易系统；紧抓电商经济，我们的 APP 和微信公众号均要链接电商业务，组织差异化、独特性的产品进行销售，充分利用线上线下形成独有的 O2O 商业模式；紧抓新媒体经济，探索互联网 B2B 撮合贸易和 B2C 或 C2C 自营交易，新兴媒体的盈利模式要清晰可见，把握好互联网的开放和共享特点，控制获客成本，加速产品迭代，提高转化率和流量变现，把盈利和创造价值作为我们的最终目的。

南方财经全媒体集团的成立，宣告一个全媒体融合发展模式诞生。我

们一定继承发扬广东敢为人先的精神，勇于先行先试，大胆实践探索，坚持正确的新闻志向和工作取向，满怀强烈的事业感、责任感、使命感奔向新的征程。

风再起，在南方，南方有凤，展翅翱翔！

构建移动音频新生态体系：广东广播在下一盘大棋

陆敏华　黄　慧　焦　阳①

2017 年 2 月 13 日，中国传媒大学校长胡正荣在"2017 世界广播日高峰论坛"上指出：广播经历着从融媒体向全媒体发展的进程，全媒体的方向是垂直化、场景化、云端化、智能化。声音将是互联网的下一个巨大"风口"，未来的广播，将会是声音链接一切。

珠江经济台是中国首家经济广播电台，20 世纪 80 年代以"珠江模式"享誉全国。2016 年 12 月 15 日，"潮起珠江，不忘初心——珠江经济台开播 30 周年"系列活动在广州举行，来自全国各地广播电视业界的领导、同行和学界专家共同探讨中国广播改革"珠江模式"的渊源以及互联网时代广播创新发展模式。中国广播电影电视社会组织联合会驻会副会长杨波表示，"珠江模式"最大的影响就是，给全国广播界注入了改革创新的活力。

广东广播在 2014 年首次提出"广播＋"设想后，三年来，珠江经济台通过科学谋划、媒体融合的战略布局，集中力量、聚合资源、移动优先，致力于打造媒体融合的拳头产品，从而形成并增强作为新型主流媒体的核心竞争力，在融媒创新中上了一级新的台阶，初步构建了以广播电视内容产品生产与传播、网络及移动客户端平台、广播电商及线下活动经营、教育培训产业等为代表的五大板块新格局，全力探索媒体新生态体系的建造。2017 年 9 月 26 日，珠江经济台孵化、广东广播电视台融媒新产品——别具地区特色的移动音频应用软件粤听正式上线。粤听 APP 是广东广播电视台继正直播、触电新闻后研发推出的又一运营级融媒应用，被列

---

　　① 陆敏华，广东广播电视台珠江经济台总监；黄慧，广东广播电视台珠江经济台副总监，"粤听"编辑部总编辑；焦阳，广东广播电视台珠江网络传媒新媒体编辑。

为 2017 年广东广电融媒体发展重点项目。

打造差异化、垂直化的音频服务产品

"伴随性是广播其中一项重要的竞争力。"这是广播业界已经达成的共识。所谓伴随性，即用户在接收广播信息的同时还可以从事其他行为，而且这两种行为并不会互相干扰。广播不能给用户带来电视那样全面的感官效果，也不要求用户对它投入过多的精力，这正是"居家旅行必备"消除寂寞的背景媒介（second medium）。可以说，广播的这一独特优势与移动互联网用户使用习惯相契合。

身在丰富多彩的感官世界，用户的眼睛已然不够用了，于是空闲的耳朵成了内容供应商的又一个战场。而具有碎片化、伴随性特点的音频定制产品，为各种动态移动场景下的广播用户提供了关于"听"的终极解决方案。目前，"移动电台"作为一个新媒体品类，近年已经得到传媒市场和资本市场的双重认可。在此背景下，各省市电台的移动电台产品应运而生，广东广播电视台的粤听 APP 就是其中之一。

纵观广播发展历程，这个非常"传统"的媒体，由于交通工具多样化的快速发展迎来几轮飞跃，再到互联网时代移动接收端的大爆发，终端的移动性一旦与广播的伴随性相契合，声音媒体的独特魅力将得以重生。"广播＋互联网"的"风口"就是移动终端，但找到了广播发展之"风"，并不等于可以立刻飞起来。

全国政协常委、中国广播电影电视社会组织联合会会长张海涛在 2017 上海广播节开幕仪式致辞中指出，广播走过了百年风云，发展到今天，创新的步伐越走越快。在新的时代条件下，媒体的定义在不断扩展，时间的碎片化、连接的移动化、用户的个性化给广播带来了巨大的发展机遇。

1. 找准"风口"：打造差异化产品

近两年来，移动音频行业火爆的背后是互联网企业都难以避免的怪圈——烧钱圈市场、内容同质、版权纠纷等似乎成了国内几大移动电台的标签。作为肩负媒介融合转型历史性使命的粤听，想要做的远不只顺应潮流将传统广播节目单纯地平移到移动终端，以及从当前火热的移动电台市场分一杯羹这么简单。

经过近三十年的改革与发展，广播已经从原来综合性频率逐渐发展成一系列专业频率，听众市场越分越细，接下来要做的事情就是深耕，在这个领域建立一个垂直的内容链和产业链。在经历了播客时代和过渡探索期后，移动电台现在已经进入泛媒体传播期的初期阶段，行业竞争也从用户行为普及向用户争夺和平台黏性、活跃度培养转移。

因此，粤听采取了差异化战略，以粤语为特色，以岭南文化和情怀为卖点，为用户提供地区化和垂直化的音频服务，力图填补市场上粤语原创音频内容聚合平台的空白，为两广及海外过亿的粤语人群提供优质的专业音频节目。

此外，粤听还要发展基于吃喝玩乐的全方位生活服务，深挖传统广播在美食、交通、娱乐等各个生活领域的内容优势和品牌效应，从知识性、实用性、趣味性等方面入手，为用户送上贴心的服务。

2. 增加"风速"：内容优先，全场景覆盖

资本、技术当道，但争夺用户关注的"法宝"仍是内容。正如周鸿祎所说，"移动端更多需要的是内容，所有公司几乎都在争夺用户的注意力。用户在手机上耗时越来越长，背后其实就是对优质内容的渴求"。粤听打破传统广播惯性思维，让收听回归场景本身，从线性结构走向空间结构，通过平台架构重新组合音频类型，并进行品牌化或者标签化命名。这样带来的变化是：第一，空间分布增强了内容的直观性，方便用户主动选择；第二，空间分布带来节目形态的变化，最终提升了用户体验；第三，更强调内容的栏目化、产品化、品牌可识别度。通过上述方式，提供分众化、场景化的内容，节省用户选择内容的时间，并通过大数据计算并推送用户感兴趣、习惯收听的内容，使用户获得更好的信息接收体验，从而挖掘音频产品的有效价值。

此外，广东广播系列频率年生产超过 5 万小时的自有节目，粤听背靠这样的"大树"，不仅在内容生产上有先天的优势，还拥有庞大的专业、高素质的主持人、编辑、记者队伍，以及海量的音频节目库，而通过粤听平台的技术手段，可以根据用户需求，重新组合出更多符合不同用户群体需求的优质内容，通过对用户数据的分析，更好地了解和分析用户的需

求，反向影响广播节目的设计，从而创造出更多打动用户内心的优质内容，实现内容生产流程再造，让传统广播真正参与联网式音频内容生产。

在试运行阶段，粤听计划按场景分类，通过设置"听电台"（广播直播、点播及用户直播）、"听古仔"（小说、广播剧等版权节目）、"听粤曲"（戏曲及戏迷社区）、"听好玩"（旅游服务）、"听学堂"（在线教育）、粤语音频库、电商等特色板块，打造自己的品牌属性。别外，粤听逐步开通专业主播频率和PGC/UGC的"粤听号"，未来深度融合广东地区地市县台（方言）直播流，把地区化、区域化市场做深、做精。

与此同时，为了对人群与场景进行准确匹配，对用户收听习惯进行大数据分析，粤听通过对目标用户群体进行精细画像、标签分类，分析用户的特征、行为和习惯，实现精准推送，最大限度满足用户不同场景的需求，挖掘并激活用户的参与度，增强用户的黏性。

3. 把握"风向"：构建立体跨媒体的音频生态系统

一直以来，新兴媒体与传统媒体共存还是替代存在不同程度的争议，其中的关键点就在于，传统媒体转型的过程中，思维的转变应该说是最困难的。另外，若要获得未来市场的竞争优势，培育以用户价值为核心的"商业生态"非常重要，而从传媒生态到商业生态的跨越又意味着运营方式的革新。

移动电台的核心特质是"服务的、体验的、场景的、移动的"，它是用声音服务提供商，就注定了内容不是全部，而只是一个起点，互联网产品才是最终的呈现者。传统广播内容的简单平移只会为市场增加一款移动播放器，但粤听的每一步都旨在构建入口，实现内容、文化、服务、商业变现四大元素相互依存、相互作用、相互影响的良性发展，以此构建立体跨媒体生态系统。

移动互联网信息交互未来会朝两个方向发展：沉浸式和伴随式。沉浸式以虚拟现实技术为主要代表，而伴随式则以移动音频为主要代表。随着移动音频越来越大众化，绘制"新声活"蓝图，创造新"耳朵经济"，未来基于此的有声内容消费市场可达到千亿级。可以想象，"耳朵经济"或许将与"眼球经济"并驾齐驱。

未来，粤听将目标放在车联网、人工智能市场——利用蓝牙、预装等多种方式，覆盖传统的车机、OBD 产品、后视镜等车内联网智能硬件终端，再通过数据交互、云端交互，粤听 APP 将与穿戴设备、智能家居结合，为移动时代的生活开启新旅程。

结　语

媒体融合发展的重大转型之一，就是平台化。这是融合后"内容经营与平台经营并重"所使然。广东广播电视台在三年改革总体方案中，突出加快建立新媒体融合平台，搭建全媒体业务支撑平台，包括 IPTV 平台、手机平台、OTT 平台、网络电视平台、地铁电视平台、移动客户端等，继而组建广东网络电视台，推出正直播手机客户端，做强官方网站"荔枝网"，推进广东网络广播电视联盟的建设，推出触电新闻手机客户端，加快广播移动音频平台建设，推出粤听 APP 等。

未来，广播将是声音服务与体验的提供者，基于移动互联网的音频传播生态还会持续进化与发展，这一领域的竞争会更加激烈，但前景是美好的。

广东广播电视台副台长曾少华认为，移动音频服务的市场价值、未来价值"风口"强劲。一款移动电台产品要获得用户和市场的认可，就要生产出人无我有、人有我优的产品，令用户追捧，还要不断试错、探索和创新。机会总是留给迎风快跑者，留给孜孜以求者，留给创新实践者。

论媒介融合时代传统广播媒体转型：
现状、困惑和出路①

张　斌②　钟翠萍

　　"媒介融合是传媒业发展大势"——这样的观点在几年前会让人耳目一新，业界人士甚至觉得受体制保护的中国传媒业距此还很遥远，但是，这两年，传统报纸遭遇收入大幅下滑，收音机、电视机也遭遇无人开机的尴尬；刷屏已经成为大多数人的生活习惯，微信俨然成了"主流媒体"；那些曾经怀揣理想的行业精英开始陆续离开。这时，越来越多的业界人士才终于醒悟：融合，可能是找死；不融合，却唯有等死。

　　"媒介融合"或"全媒体"的概念在学界早已不是什么新鲜词，起初，媒介融合指的是不同介质之间形式上的融合，比如同一间媒介机构既可以做报纸，也可以做广播电视，但在中国，因受体制约束，跨媒介之间的兼并重组从未大规模地发生。而近些年来随着网络的发展，尤其是近两年来随着移动互联网的普及，现在每当提及"媒介融合"，更多的是指传统媒体（广播、电视、报纸、杂志）和新媒体（网络、微博、微信、移动客户端）之间的跨界融合。

　　作为传统媒体大家族中的一员，在报纸、电视强势的时候，广播一直"被遗忘在角落里"。直到传统媒体不再强势，报纸、电视才终于重新审视广播这位"老大哥"，难道它才更适合现代人的生活节奏，更容易在与新媒体的竞合中突围？的确，随着智能手机普及和移动终端的发展，广播接收成本低、可移动收听、可伴随、可参与等特征，跟报纸、电视相比，都更适应新媒体时代人们的传受需求，但由于受传统体制束缚、市场意识淡

　　①　发表于《中国广播影视》2015年总第576期，刊发标题为"媒介融合时代，广播媒体如何转型？"。

　　②　张斌，广东广播电视台广播新闻中心副主任。

48

薄、人才储备不足、创新能力欠缺等行业整体环境因素的影响，广播媒体在新的媒介生态环境下并没有表现得特别突出。

本文通过对媒介融合时代传统广播现状的梳理，结合我对广播新业态的一些了解，试着指出广播在与新媒体融合发展过程中碰到的问题和容易走入的误区，并提供可能的出路分析。

一、现状：安乐下的隐忧

因为在几种传统媒介形态中，广播的体量最小，所以在这一轮以移动互联为特征的新媒体的强势冲击下，相对报纸和电视而言，广播所受的冲击最小，由此导致一些广播从业者沾沾自喜甚至盲目乐观，岂不知隐忧就在身后。

自 20 世纪 90 年代电视开始逐步普及以来，广播的受众就开始分流，市场份额越来越小，后来是私家车数量的高速增长才让广播重获新生，直到今天车上收听依然是广播收听情境中最主要的组成部分，交通广播也是传统广播电台里广告份额最高的频率。然而这一市场格局极有可能将被移动互联网彻底颠覆。

今时今日，当我们问一个人"你有收音机吗"，恐怕除了车载收音机之外，很多人的回答都是"没有"；而当我们问一个人"你听音频内容吗"，很多人的回答可能会是"有"，当然，这其中听歌的人更多一些，但也一部分人会听广播节目或其他音频内容，或通过车载收音机，或通过手机，或通过电脑。虽然我没有各渠道收听占比数据，但从用户的角度不难得出结论：智能手机已然是人们收听音频内容最便捷的渠道。所谓车上收听只是情境使然，可车上收听就一定要通过车载收音机吗？现有车载收音机大多以传统 FM 发射接收技术为支撑，如果移动互联网普及车上呢？当车载音视频设备彻底解决与互联网连接的问题，变成类似手机或平板电脑的终端时，传统广播频率无疑将失去存在的价值，这种技术目前被外界笼统地称为"车联网"。其实车联网在技术层面并不复杂，比如 2013 年底苹果公司推出的 CarPlay 车载多媒体系统已经被宝马、奔驰等车商第一时间确定为未来车载多媒体系统的标准配置。而据国内一些互联网电台和车商透露，国内也有车商研发出了类似系统，只是还处于调试阶段，尚未量产，从2015年起配有这类系统的汽车将陆续上市。所以，渠道价值的不复存在恐怕才是身处移动互联时代的传统广播的最大隐忧。

有人说传统广播死不了，或许如此，但我认为其面临的挑战只会越来越严峻。因为原来传统广播收益"还不错"，靠的是垄断经营、体制保护，虽然从覆盖面来讲有中央级、省级、市级和县级的分别，但除了覆盖面最广的中央台之外，各个区域台之间各自为政，基本没有竞争，就算频率和频率之间存在竞争，但并非激烈的竞争，毕竟也只有电台才能发射广播信号，其他社会力量无法发射广播信号。可一旦车联网得到普及，情形就完全不同了，那时，汽车上可供收听的内容就不再只是某个城市的某个频率了，而是全世界的海量音频内容，收听也不再受时间限制了，而且用户可以定制符合自己需求的内容。传统广播要么彻底转化成为内容制作方，要么打造属于自己的移动互联平台，但想要在海量音频内容中脱颖而出，其难度可想而知。而且一旦失去渠道价值，传统广播原本的广告收益将极有可能"断崖式下滑"，市场份额也将被互联网渠道逐步蚕食。

二、困惑：传统媒体有新媒体基因吗

从传媒的发展历程来看，技术进步始终是驱动传媒变革的核心力量，由移动互联网发展所引发的这一轮媒介融合也不例外，可是传统媒体真的能跟上新技术发展的步伐吗？一个难以回避的尴尬局面是：由于长期浸润于事业管理体制，无论是对新技术追踪的敏感度，还是基于市场的创新思维和管理手段，乃至人才和资金的引进，传统媒体的禀赋和储备都与移动互联时代的实际需求相差甚远，以至于在探索媒介融合时，传统媒体大多是"徒有其表"，于是有人得出结论：传统媒体根本做不好新媒体，唯有等死。情况真的有这么悲观吗？

1. 新瓶装旧酒，有胜于无

新媒体发展对传统媒体的生存状态构成挑战，迫使传统媒体纷纷涉足自己原本并不擅长的媒介领域，而且采取的几乎都是"一窝蜂"的做法——网站火的时候大家一窝蜂地做网站，微博火的时候大家一窝蜂地做官方微博，微信火了大家又纷纷做微信公众号，而现在如果你手机上没有安装移动客户端，别人都觉得你落后了——有则有矣，媒介渠道拓宽了，思维方式却没转变，只是新瓶装旧酒。

有学者梳理欧美广播业的发展历程，将广播媒体跟新媒体的融合大致分为四个阶段：第一阶段，数字化，由模拟广播转为数字广播；第二阶段，网台联动；第三阶段，更新组织架构，使生产流程更适应全媒体内容输出；第四阶段，既要有自己的平台，也要做内容，还要把内容输出到其他平台。我国的广播业尚未完成第一阶段就直接实现了跨越，目前国内大多传统广播电台处于第二阶段，用传统广播思维做着互联网的事，虽然用了微博、微信这些 Web 2.0 时代的社交工具，思维却还停留在 Web1.0 时代。除了 2015 年 6 月刚刚挂牌的上海东方广播中心，国内绝大多数广播电台还没有进入适应内容产品生产的组织架构调整阶段，正因为没有理顺流程和健全机制，很多想法看似简单，实施起来却困难重重。目前国内只能在上海东方广播中心看到第四阶段的端倪，同年 10 月刚刚上线不久的移动广播 APP"阿基米德"是目前市场上能见到由传统广播电台开发得最像互联网产品的一款应用软件。

所谓用传统广播思维做着互联网的事，是指传统广播电台或栏目虽然也办了网站，开通了微博、微信，但以传者为主导的思维模式通常只是把这些新媒体手段当成是内容推送渠道，眼里依然没有用户，也不重视跟用户之间的互动，更不可能满足用户的个性化需求，无法形成用户黏性，最终新媒体平台只能成为"摆设"，不可能带来经济效益。但毕竟媒介融合已是大势所趋，连习总书记都就此发表了指导性意见，所以传统媒体的口号都喊得很响。可是在以行政思维为主导的事业单位里，只要领导要求做，不管自身条件如何、适不适合，都要做，也不管市场反响如何，汇报材料里都写着"很成功"，以至于出现了一些虚假繁荣的泡沫现象，有的员工对此戏称"有就行"。一场媒介融合的狂欢看似很热闹，实则很迷茫。

2. 互联网电台，是敌是友

喜马拉雅、蜻蜓、考拉、荔枝、豆瓣……这些名称新奇的品牌就是目前市面上应用最广泛的几个音频内容提供商，它们有的表面上还贴着 FM 标签，但实际上，从技术层面来讲，它们跟传统广播完全不是一回事，体

制也完全不同，都是以提供音频内容服务为主营业务的互联网媒体公司，只不过出于对音频内容长期形成的认知习惯，大家还是喜欢把它们称为互联网电台，它们的出现彻底打破了原来音频内容市场广播一家独大的局面。

跟传统广播相比，互联网电台除了收听方便之外，最大的优势在于打破了因发射范围而设定的地域性限制和因播出时间而设定的时效性限制，在这里，用户可以在大量节目中自由选择，自由点播，甚至满足个性化定制需求；另外，在一些社交功能做得比较好的互联网电台里，用户还可以跟节目组和其他用户互动，跟朋友分享，这些都是传统广播技术无法比拟的。当然，这些互联网电台的侧重点也有所不同，有的只做 PGC（专业生产内容），比如蜻蜓 FM 和考拉 FM 等；有的是 PGC + UGC（用户生产内容），比如喜马拉雅 FM 和荔枝 FM，只不过 UGC 目前仍在培育阶段，内容质量参差不齐，PGC 仍是主流。目前 PGC 内容的获取主要来自四个渠道：与电台、电视台授权合作；版权购买；艺人、主播、评论人士等专业人士自制上传；自制节目。目前喜马拉雅声 FM 称已有 6 000 万用户，蜻蜓 FM 声称有 8 000 万用户，虽然其中不乏传统广播的老听众，但互联网电台的魅力在于，让一些原本不主动、不固定收听广播的人，成了音频的新用户，这对整个音频市场来说是利好，可传统广播能从新增用户中分一杯羹吗？

目前传统广播对互联网电台的态度有两种：一种是合作，彻底开放内容给互联网电台使用，让互联网电台为传统广播提供用户数据分析；另一种是抵制，觉得把内容开放给互联网电台使用是"养虎为患"，"为他人作嫁衣"，不允许互联网电台私自使用内容。与传统广播关系最紧密的是蜻蜓 FM，因为蜻蜓 FM 是以聚合传统广播资源起家的，起初没有征得传统广播电台的同意便使用其内容，后来才开始逐步与传统广播电台签署合作协议。但到目前为止，仍有不少传统广播电台还在纠结到底是合作还是抵制。

3. 用户在哪里，如何变现

传统广播虽然经常谈其受众定位，但事实上从未真正研究过其受众究竟是谁，在哪里，有什么年龄特征，分布在哪些行业，对节目有哪些实际需求。传统广播节目虽然经常被改版，但改版前通常没有进行科学的调研分析，往往仅凭领导的眼光和意志决定，节目改版效果也没有得到科学评估，节目没有根据受众反馈及时做出调整，以致对受众的吸引力越来越低。

近两年来"互联网思维"成为一个热词，其实互联网思维的一个关键点就是以用户为中心，这一点对传统广播转型也至关重要。要以用户为中心首先就要知道用户在哪儿，然而传统广播由于受技术所限无法准确定位用户，甚至也没法像电视那样通过安装机顶盒的方式对用户的收视行为进行抽样分析，由此可见广播的收听率调查手段是极为落后的。在这种情况下，广播如何研究用户？要么依托现有的互联网电台，将节目进行挂靠，获取收听数据；要么自己开发平台进行数据挖掘——前者受制于人，后者受制于技术。

事实上，精准定位用户不但是使媒体内容贴近从而实现社会效益的前提，而且是开展媒体精准营销从而实现经济效益的前提。按传统的经营管理理论，以广告为主要盈利模式的媒体售卖的是用户的注意力，可是当用户的注意力开始大量由传统媒体转向移动客户端之后，原来的盈利模式将难以为继。其实现实中已经发生了一些微妙的变化，由于微博、微信和移动客户端为企业连接用户提供了更便捷的渠道，从某种程度上说，企业自身也变成媒体，导致现在企业在传统媒体上投放广告的意愿越来越低。这种"撤出效应"已经发生在诸多报纸和杂志上，恐怕在不久的将来也会发生在传统广播上。

那么问题来了：广告模式靠不住，新的增长点又在哪里？靠粉丝？靠用户？的确，很多传统媒体涉足新媒体也吸引了一批粉丝和用户，可怎么变现？小米的粉丝可以通过购买小米手机来支持小米，那么，传统广播又有什么是可以被用户购买的？总之，对内容进行收费的路子在中国基本行不通。

三、出路：除了颠覆还是颠覆

1. 始于用户，忠（终）于用户

传统广播的传播模式是"我说你听"，由于渠道的垄断性，传统广播对听众有一种"习惯性傲慢"，从来不关心听众真正需要什么，新形势下这种思维方式必须转变。传统广播也需要听众参与，但这种参与只是在给定节目框架下的参与，听众是没有资格参与节目框架设计的。媒介融合时代的广播应该让听众直接参与节目流程的设置，并直接对内容制作提需求。当然这样做的前提是传统广播知道自己的受众是谁、在哪里，我认为在目前没有平台也没有技术能力开展数据挖掘的现实情况下，搞一次大范围的广播问卷调查或许能获取一些有价值的用户信息，为下一步内容创新提供参考，而调查本身也是一种兜售参与感的方式。

所谓"忠于用户"就是内容的制作者要自始至终以用户为中心，用户的参与不是一次性的而是延续的，针对用户提出的意见，内容制作方要及时反馈，有价值的就要吸收改进，只有加强与用户之间的互动，才能增加用户的黏性，形成口碑效应，从而带来更多用户。

而"终于用户"是指未来广播的价值很有可能有一部分要在用户身上直接变现，而不是在广告客户身上变现。究竟哪些内容适合在用户身上直接变现，哪些适合广告模式，变现的具体形式又如何创新，这些都考验着广播人的智慧，但不管怎样，用户思维意识都应该贯穿始终。

2. 渠道优选，内容取胜

传统媒体喜欢谈"内容为王"，因为自己是内容生产者，但从媒介形态的发展历程来看，传播技术的变迁总是在改变着人们的生活习惯，让人们分配在不同介质上的时间也随之发生改变，由此决定了媒体不同的抵达率和影响力。可见，决定媒体影响力的第一要素是渠道，而非内容。所以"内容为王"应当有个前提，就是渠道一致，当渠道有强弱之分时，单纯谈论"内容为王"毫无意义。就像现在当新媒体渠道占优势时，传统媒体就算有好的内容，也还是处于弱势地位。

中国的媒体机构大多按介质来分类，"渠道优选"是指内容生产方不应该仅依赖于单一介质来输送内容，而是要根据用户的不同特征通过不同渠道来输送内容。对传统广播来说，比如那些针对老年人的节目可以继续通过广播信号这种广播渠道来传播，针对年轻人的一些节目则应该通过新媒体途径进行包装和传播，这种途径可以自建，也可以依托已有的互联网电台。渠道畅通了、对等了，内容才更容易被送上"王位"，但目前传统广播的内容制作能力普遍低下是业内不争的事实，主要是长期受体制约束闭门造车的结果。互联网给了音频内容更广阔的市场空间，所以媒介融合时代传统广播只有制作一些真正适合互联网传播的节目，才能再次擦亮自己的招牌。只依靠传统广播单一渠道，内容抵达率将非常有限。

3. 架构重组，流程再造

传统广播目前大多按频率来划分部门，频率是什么？就是渠道。可在移动互联时代，传统广播的渠道资源已经没有太大价值，按渠道来划分部门意义不大。现在传统媒体转型经常碰到的一个困境就是理念不少，但一实践起来就发现效率低下，问题就在于组织架构没有调整到适合产品生产的需要。BBC在这方面就是一个典型的产品导向范例，BBC既有广播、电视，也有网络，但BBC的组织架构中第一层级并不是按渠道划分，而是按产品类型分为新闻、体育、天气、儿童等十种产品事业部，事业部下面才是分发渠道，由此实现内容生产的产品导向。

传统广播的业务流程是按照你传我受单向传播的需要设计的，主要岗位设置就是采、编、播和技术。而在新的传播环境下，我们更需要的岗位角色是产品经理以及与新媒体相关的采编人员和与用户保持互动的客服人员。这些角色都是传统岗位设置里没有的，目前基本上由原来的采编播人员兼职担当，做不到术业专攻，也没有相应的补偿激励机制，再加上领导决策的迟疑徘徊，往往导致执行人疲于奔命的同时做不出真正适应互联网的产品。所以，传统广播必须重新设置岗位分工，重新打造业务流程并配以相应的激励机制。

传统广播在业务流程上有一个特点，就是往往以节目播出作为工作的终点，而在新的传播环境下，这只是一个起点，节目播出后的转发推广、线上互动都应纳入新的业务流程范畴。当然，仅靠原有人力满足不了新业务流程的需要，这对传统广播的人力资源配置也提出了更高的要求。

4. 开放平台，线上线下

所谓"平台"是一种中间性组织，通过一种"软连带关系"把原有组织以外的一些资源整合在一起，取长补短，互惠互利，从而实现资源的优化配置，提升整体系统的价值。传统媒体因其长期积累的品牌价值和社会资源，可以通过对资源进行整合、对关系进行转换、对影响力进行扩散来

实现自己的平台价值并从中寻找除了兜售注意力之外的新的盈利模式。

加拿大著名学者麦克卢汉在《理解媒介——论人的延伸》中说"媒介即信息"，可如今是一个信息爆炸的时代，大众信息传播市场供大于求的情况早已十分严重，在这种形势下，传统媒体如果还只是把自身定位成信息提供商，那么只有死路一条，尤其是传统广播在信息提供领域本来就不具备优势。以前说广播的"快"是优势，但现在移动互联网客户端比广播更快；而且广播的优势是低成本运营，做信息提供型媒体是要耗费巨资的，现在连中国之声也很少做一手新闻，地方广播电台更不可能在这方面有所作为。因此，传统广播更应该在社交互动和垂直服务领域实现自我价值。

自从"办看得见的广播"的理念被提出以来，传统广播电台举办活动就成为家常便饭，活动既是品牌的延伸，也是内容的源泉，还有可能从中获得经营收益，所以不少广播电台乐此不疲。移动互联时代传统广播在这个方向上应该继续坚持，只不过可以从另一角度来理解这一行为，它实际上就是广播的 O2O（Online To Offline，线上到线下）模式。只不过传统广播办活动时更多还是延续了传统广播的传授模式，对用户的需求了解不够，也缺乏对用户的后期跟踪管理，往往请不来观众，活动一完就观众散了，移动互联时代要求传统广播在办活动时也要应用用户思维和产品思维。

四、结语

这两年来，传统媒体在与新媒体跨界融合的道路上探索了不少，但鲜有真正获得市场认可的产品。传统广播由于市场化程度不高，在适应转变的过程中紧迫性不强，因此动作也不够快。

新媒体之新，不仅是内容之新、形式之新，更是观念之新。所以要改革传统媒体，首先要转变观念，而转变观念就是要颠覆传统媒体固守的一些成见，这个时候来自系统内部的阻力不难想象。广播有过辉煌的过去，但毕竟时间长了积弊也深，因此对任何一个传统广播媒体的决策者来说，此时此刻比任何时候都更需要有破釜沉舟的勇气。

媒介融合正在加速演变，几年之前谁也不会想到纸媒的经营竟会落到如今这步田地。虽然现在传统广播受新媒体的冲击没有纸媒大，但谁又能保证几年之后，同样的境遇不会发生在传统广播身上呢？当然，作为机构的传统广播电台是不会死的，但那时的广播很可能已经不是传统意义上的广播了。所以时不我待，广播必须加速变革。

强连接

——传统广电立足移动互联时代的法宝[①]

阙俊波　陈俞含[②]

　　《大连接：社会网络是如何形成的以及对人类现实行为的影响》一书指出：影响力在社会网络上的传播遵循着一定的规律，我们称之为"三度影响力原则"（Three Degrees of Influence Rule）。我们所做或所说的任何事情，都会在网络上泛起涟漪，影响我们的朋友（一度），我们朋友的朋友（二度），甚至我们朋友的朋友的朋友（三度）。如果超出三度分隔，我们的影响就会逐渐消失。同样，我们也深受三度以内朋友的影响，但一般来说，超出三度的朋友就影响不到我们。相距三度之内的人之间是强连接关系，强连接可以引发行为。三度影响力适用于态度、情绪和行为的传播，也适用于政治观点和快乐等现象的传播。[③]可见，连接的紧密程度是衡量社会网络传播影响力的关键指标。在以互联网为标志的人际传播中，连接关系显得尤为关键。

　　腾讯首席运营官任宇昕说："互联网的未来就是连接一切。"腾讯是这么做的；滴滴打车改变了传统的打车模式，创建了出租车和人的连接；微信中的生活缴费、城市服务、微信红包等都是互联网强连接的佼佼者。

　　传统的广电媒体，是以一对众及单向传播为特点的媒体，它和受众的关系通常被认为是弱连接关系，因此，有人认为这正是传统媒体很难和互联网媒体尤其是移动互联网媒体竞争的原因。真是这样吗？未必。我们认同这样一个观点：强连接并不是互联网的专利，传统媒体一样具备强连接的特性，如果传统媒体能够善用互联网科技，实现强连接并非难事：即时

---

　　① 发表于《中国广播》2017年第4期。

　　② 阙俊波，广东广播电视台声报社总编辑；陈俞含，任职于广东广播电视台广播宣传管理部。

　　③ 尼克拉斯·克里斯塔基斯，詹姆斯·富勒．大连接：社会网络是如何形成的以及对人类现实行为的影响．简学，译．北京：中国人民大学出版社，2012.

交通信息和驾车者之间是强连接关系；《风云再汇》制作资金众筹成功证明了它和听众之间（至少是参与众筹的听众）是强连接的关系。一些软性节目有没有强连接关系？肯定有的。广东广播电视台新闻广播曾有一位主持人叫欧阳婷，她去世四年多了，但她的听众依然每年自发举办婷迷见面会纪念她，还以欧阳婷及她主持的节目《似水流年》的名义，每年向贫困山区的孩子捐款捐物坚持至今。这种主持人与铁杆听众间的情感联系显然也是一种强连接。

毫无疑问，强连接对传统广电应对互联网和移动互联网的竞争方面有着重要的作用。那么传统广电如何来建立强连接呢？要通过什么方式、何种手段来建立与受众间的强连接呢？

一、实现强连接，找到痛点是关键

有一句话这样说："没有人转发的内容不是好内容。"为什么没人转发？因为你没找准他的痛点。为什么转发了？因为你的内容打动了他。

所谓痛点，大多是指尚未被满足的而又被渴望的需求。痛点的概念最早源自人体医学中的触感反应，德国生理学家 J. P. 弥勒认为，感觉的性质取决于何种神经被兴奋。后来，他在皮肤上发现了感觉的点状分布，如冷点、温点、痛点等。而痛点是这些触点中反应最直接、最强烈的。后来有人提出了"蔡氏效应"，从心理学上解释了痛点为什么能对人产生更强烈的印记。"蔡氏效应"认为，人们之所以会忘记已完成的工作，是因为欲完成的动机已经得到满足，如果尚未完成，同一动机便使他对此留下深刻印象。为什么人对痛点的记忆更深刻？因为只要存在痛点的意识，人们便会千方百计地去消除这种痛点的煎熬，越快解决越快舒服。

在营销学中有"痛点营销"的说法，其核心观点是当用户在生活当中碰到问题而无法解决时，他会纠结甚至会感到痛苦，急需找到一种解决方案来解决这个问题，以达成生活的常态。因这种渴望而产生的需求往往更加急迫而坚定。

找准用户的痛点在新闻报道中同样重要。找痛点，实际上就是找用户的需求点，无论是策划一个活动、实施一个选题，还是编辑的立意，都要先问问自己："痛点在哪里？找准痛点了吗？"只有找到痛点，才能找到和用户的连接点。

以前面提到的三类节目为例。交通广播的即时交通信息，是出行人士所必需的，在拥堵的城市，准确、即时的交通信息可以在很大程度上让驾车人士避开拥堵路段，缓解心中的焦虑，成为出行的必备指南，形成驾车者对交通广播交通信息的依赖，这便是痛点所在。

珠江经济台一档财经节目《风云再汇》，直接通过互联网的众筹平台，以每份88元募集1万份的规模，成功募集了当年度88万元的制作经费，这次尝试实现了广播节目从依靠广告生存到依靠用户生存的转变。其痛点就在于节目能向用户提供不可替代的权威理财指南，听众（用户）通过这个节目可以获取含金量极高的财经信息，还可以通过节目组织的活动，面对面接触一线财经专家，为自己的理财和投资提供专业指引。

新闻广播的《似水流年》节目是一档情感类节目，并没有什么特别，然而，主持人与听众间的情感纽带却大大强化了彼此间的连接。主持人叫欧阳婷，在四年前因病离世，节目也因改版而停播，然而她的听众却久久不愿离去，他们自发组织听友见面会，还专门为纪念她而开设网站。听众为了纪念她，成立了天天天蓝助学会，把主持人和节目真善美的精神传递给山区的孩子。节目停播了，听众心中的"婷姐"也走了，可《似水流年》的听众依然还在，如相亲相爱的一家人，甚至有些听众因《似水流年》这份情缘，而结缘相爱组成幸福家庭。《似水流年》节目看上去很平常，痛点在哪里？听众的网页留言说出了心声："她的声音，陪伴了一个个孤独的人度过漫长的冬夜；她的真诚，让许许多多的异乡人感觉到春天般的温暖；她的爱，抚平了无数颗受伤的心，让我们感觉到生命的美好。"正是主持人和听众之间直达心灵的那份感动，让《似水流年》一直在听众心中延续……

痛点广泛存在于社会网络中的个体，找到痛点便找到需求点。互联网的传播，尤其是社交媒体的传播，因为普遍具有一对一的传播特点，其痛点相对容易掌握。传统媒体因为存在一对众的关系，找准痛点相对较难，但只要用心了解用户，善用互联网科技，还是有规律可循的。当然，痛点也会随时随地变化，当一个人的需求点变了，痛点自然随之改变。比如交通广播的即时交通消息，随着导航软件的普及，交通信息的提供渠道更为广泛和便捷，交通广播的即时交通信息就有可能不再是出行人士的首选了，面对这种情况，交通广播必须提供比导航软件更专业、更到位的服务，不断寻找新的痛点，才能取得竞争优势。

二、重新定位主持人的角色

广播主持人从诞生之日开始，就一直在建立与听众的感情纽带，一直做着拉近与听众距离的努力，以增强节目和主持人的影响力。开始时是通过听众的来信来实现互动的，后来热线电话的诞生，使听众可以直接和主持人现场交流、互动，听众的声音成为节目的重要组成部分，一些电台甚至把直播室搬到街头、广场和各商业中心等，让直播室中的主持人尽量走到听众中间，然而主持人依然与听众隔着直播室。

进入互联网时代，主持人与用户间的联系渠道增加了很多，微博、微信、QQ等社交工具的广泛应用，使主持人和用户间的联系变得更加立体和全方位，借助互联网科技，主持人和用户间可以实现一对一的平等交流和互动。如今，主持人走出直播室做节目已成为常态。

2016年12月3日，韶关举行第九届徒步穿越丹霞山活动，广东广播电视台文体广播组织采编力量，派出著名主持人谢亮等参与这次徒步穿越活动，以《文体广播和您穿越丹霞山，2016年韶关第九届徒步穿越丹霞山活动》特别节目的形式，向用户展现了不一样的徒步体验。主持人这种走出直播室，直接参与活动进程的主持方式已渐渐成为常态。

2016年12月11日，广州举行国际马拉松赛，其报名人数首破十万人。这显然是件轰动全城的事件，珠江经济台组成珠江名人俱乐部方队参与"迷你马拉松"比赛，著名主持人郑达更是身兼数职：记者、摄影师、被采访者以及直播的"网红"，主持人透过直接参与活动，成为事件的主体，已不是简单的报道者，主持人作为广州马拉松的参与者通过广播、微信、网络直播等平台直接与用户同欢共乐，与用户产生更强的黏性。

浙江电台城市之声有一档令人印象深刻的广播真人秀节目，这档节目叫"跑神计划"，是和互联网一起联动的，主持人会请来各界明星和粉丝

一块夜跑，主持人边跑边直播节目，视频同步传至网络。听众可以通过一个每天设立的主题微信群或支付宝群报名参加这个夜跑活动。节目在每天晚上7点到8点半播出，夜跑围绕杭州最美的线路、地标进行，比如有一次是围绕阿里巴巴公司设计夜跑，请了阿里巴巴一位副总做陪跑嘉宾，还跑到公司总部16楼参观马云的办公室，吸引了很多夜跑者同行，在互联网上也吸引了大批粉丝围观、参与节目，设计跑步线路……听众和网民甚至可以改变节目的进程，而直播室里的主持人除了报时、报气象信息，基本"动手不动口"。节目显然重新定位了听众的参与方式，实现线下、线上一起参与。如此紧密的参与度和关注度，实现了节目和粉丝之间的强连接。他们每月就设立20多个类似主题的微信群和支付宝群，比如"跑神计划""车神计划""吃神计划""歌神计划"等，个个爆满，这些群主会根据不同的兴趣、爱好导入相关电商，商家提供相应服务，比如发红包、发送优惠信息等。

三、跳出 FM 做广播

在互联网风起云涌的当下，广播应该怎样定位自己？离开了汽车，广播怎么办？车联网来了，广播怎么办？当所有广播都在争夺汽车空间，都在争夺上下班那短暂的黄金时间时，广播是否可以跳出广播的传播模式去寻找更广阔的空间？

国内广播电视业界最近有了一些尝试：把主持人变成"网红"。所谓"网红"，顾名思义就是网络红人，是指被网民追捧而走红的人。他们往往是各类垂直领域的意见领袖或者行业达人，以自己的品位、知识和眼光为主导，通过社交媒体聚集人气形成一定量的社交资产，再依托粉丝群体定向营销，将粉丝关注转化为购买力。2016年，随着直播行业井喷式的发展，特别是"papi酱"等一批网络红人赢得了资本市场的认可和投资，"网红"经济成为这两年无法绕开的话题。在这个所谓的"'网红'经济元年"里，"网红"在中国的消费市场上扮演着重要角色，成为连接消费者和消费品的纽带。有些知名品牌直接与拥有大批粉丝的"网红"签约，推广品牌或者合作营销，成为"网红"最直接的变现模式。2016年底，罗辑思维从当初火得发紫的"papi 酱"撤资一事，被视作"网红"经济开始衰落的序幕。但不可否认的是，从年初的火爆到年尾的看衰，"网红"经济开始进入一轮大浪淘沙、去伪存真的周期。

只靠颜值的"网红"是推动不了"网红"经济这部时代列车的，靠低级趣味取悦粉丝的"网红"也走不远，人品好、有内涵和有个性的"网红"才受粉丝的青睐，魅力人格越来越成为"网红"的核心竞争力。因此，综合素质高又具备一定知名度和公信力的广播电视主持人，有望成为未来"网红"的有力竞争者。在未来，领先的直播平台和拥有高质量粉丝群的"网红"主播具有承载主流广告投放和引导实物电商的巨大潜力。

2016 年 9 月 23 日，全国首家以广播电视主持人为核心内容的直播平台——荔枝 FM 直播在广州发布上线。广东广播电视台名主持人林琳、徐靓、严彦子、马晓野等现场签约，成为荔枝 FM 直播首批成员。这是在国家新闻出版广电总局发布《关于加强网络视听节目直播服务管理有关问题的通知》后，第一家高调亮相的新生直播平台。这类有强大媒体集团支撑的直播平台加入竞争，势必加速直播行业洗牌的态势。

无独有偶，浙江电台城市之声在把主持人打造成"网红"方面也有类似的尝试。浙江电台城市之声策划了一档名叫"107 女神来了"的节目，在"女神节"当天把女主播在直播室做节目、准备材料、化妆卸妆的过程进行了网络直播，没想到，这给网易当天带来了过十万的新注册用户。

打造主持人"网红"的努力，正是广播人在媒体融合的大潮中试图跳出传统 FM 的有限空间，进入广阔互联网空间做广播的有益尝试，这种努力大大强化了主持人和粉丝间的连接关系，甚至还有可能将那些不听收音机的手机族重新吸引到广播的 FM 空间中来。打造主持人"网红"的努力，还有望打破广播一直以来依赖广告生存的传统模式，把广播带进粉丝经济时代。

四、今日头条的启示

今日头条是目前国内最大的内容聚合与分发平台之一，激活用户超过5.3 亿，日活跃用户已突破 5 500 万人，估值高达 92.3 亿美元，相当于

600亿人民币，被捧为挑战 BAT（百度、阿里巴巴和腾讯中国三大互联网公司）的新势力。今日头条为什么上线只有短短四年多，其估值就飙升至600亿元？是什么支撑其爆发性增长？

今日头条是伴随着智能手机的普及而诞生的，当许多知名门户网站因应移动互联网的发展纷纷开发自己的移动客户端的时候，今日头条的首席执行官张一鸣却发现，这些媒体只是把传统门户的内容仅仅增加分发的渠道而已，内容分发的本质却没有任何改变，编辑推荐什么，用户就看什么，而且内容趋同。一边是屏幕极小的智能手机，一边却对应着内容海量聚合、信息过载的情况，如何找到一个能满足广大手机用户内容需求的产品呢？长于互联网技术的张一鸣想到了计算机算法，一种能够根据用户的兴趣、位置等多个维度进行个性化推荐的算法，他要做一个基于机器算法进行个性化推荐的聚合类移动资讯客户端。在接受《南方周末》记者的采访时，张一鸣说，他并不希望自己有主编的头衔，因为按他的观点，内容的选择权完全在用户的手上，用户需要什么内容，对什么内容感兴趣，只有用户知道，再高明的主编也无法代表用户来选择内容。今日头条在其应用软件介绍中标榜：5秒算出你的兴趣，定制你的专属资讯，你的每一次顶踩、收藏、转发，都形成个性化用户数据，被今日头条记录学习，每日400位工程师精心优化算法，只为每一次推荐更加精准。在今日头条这里，挑剔的用户个体已经形成了一串串精准的数据。

今日头条正是按照张一鸣的理念，把用户感兴趣的资讯"打包"成用户的"专属"资讯，让内容与用户的兴趣精准匹配。虽然这种做法备受争议，但毫无疑问，它成功形成了产品和用户间的强连接关系，这正是其成功的关键，也是我们这些传统广电媒体最值得学习和借鉴的地方。中国人民大学新闻学院教授宋建武在一个面向广电媒体从业者的讲座中指出：过去我们怎么判断新闻价值，基本上是我们这些受过专业训练的人，根据自己的专业目光和经验来做出判断。但今日头条的做法是把新闻价值判断的选择权交给了公众，用大数据对公众信息进行反馈，作为基础算法去做新闻价值判断。他进一步指出，如果从社会功能的角度来讲，媒体过去是一个社会的商业信息沟通的桥梁。今后随着工业4.0的发展，媒体也可以变成工业4.0生产体系的重要支撑。工业4.0有两个核心支撑：一个主要是通过物联网来实现生产的智能化；另外一个就是生产的定制化，它的实现需要有一个社会的大数据中心，汇聚方方面面的需求，而且对这些需求加以计算、甄别、分析、判断，形成一个准确的订单。这个功能是媒体未来的社会功能之一，也是我们未来的商业模式。未来的商业模式就是精准营销加数据库电商。

如果说，互联网是这个时代的标志，而连接又是互联网的基本属性，那么作为传统媒体的广电传媒，如何利用互联网科技，吸收各种先进理念，做好做强和用户之间的连接，争夺收音机和荧屏之外的群体就是必然的选择。当互联网已成为社会的基础连接，"互联网＋"成为国家战略，那么传统媒体把自身变成一个基于互联网连接的平台去实现与用户的强连接关系就至为关键。只有成功形成和用户的强连接关系，前面所说的粉丝经济、工业 4.0 中的媒体前景才有实现的基础，传统媒体在互联网时代才有立足和生存的基础。

虚拟现实技术在广播中的运用设想[①]

冯洁萍[②]

一、虚拟现实技术的发展

虚拟现实，即 VR，是 Virtual Reality 的简称，是由美国 VPL 公司创建人 Jaron Lanier 在 20 世纪 80 年代初提出的。虚拟现实技术是一种可以创建和体验虚拟世界的计算机仿真系统的技术，利用计算机生成一种模拟环境，利用多源信息融合的交互式三维动态视景和实体行为的系统仿真使用户沉浸在该环境中。

早在 2014 年，虚拟现实技术刚出现便硝烟四起。虚拟现实创业公司 Oculu 被 FaceBook 以 20 亿美元收购。FaceBook 希望能够把虚拟现实技术应用到更垂直全新的领域，包括媒体、教育、医学等。2016 年，虚拟现实技术已经成功渗入很多应用领域，包括旅游、驾驶、室内设计、房地产等。虚拟现实技术具有立体、生动、全方位的浸入式感受，是过往的技术手段无法比拟的。

我国的虚拟现实技术应用也在快速发展。在被誉为"VR 元年"的 2016 年，更是开启了前所未有的迅速发展模式。2016 年 6 月 30 日，阿里旅行在其官网上发布的宣传视频给大众展示了未来的虚拟现实技术在选房、人脸识别自动入住、智能门锁等方面的全新应用。而从 2015 年起，我国机构"虚拟现实"圈发布的数据表明，从 2014 年到 2016 年 2 月底，我国国内虚拟现实技术融资共 67 宗，57% 是天使轮融资，这表明虽然企业尚处在初级阶段，但各方都十分看好其前景，争相布局。

传统广播目前已经开始在新媒体布局各自的战略位置，一些广播电台

---

① 发表于《中国广播》2016 年第 8 期。
② 冯洁萍，广东广播电视台城市之声广播频率新媒体组监制、节目主持人。

已经成功蜕变，"两微一端"的应用带来了巨大社会效应的同时也带来了利润增长。如果说视频直播、新媒体视频展示在移动终端的运用是广播的第二屏，那么虚拟现实便有可能成为广播的第三屏。

二、虚拟现实技术的初步应用

2015年9月3日，在纪念中国人民抗日战争胜利70周年的阅兵式上，北京电视台首次将虚拟现实技术与电视直播相结合，其生动性和直观性远胜于以往的图片及文字直播形式。技术创新，带来"全景两会"。全景报道设备已成为2016年的全国两会上多家媒体的秘密武器。人民日报、中央电视台、广东广播电视台等多家媒体使用最新的全景虚拟现实技术，给用户提供"最身临其境"的两会报道。前方记者使用360度全景摄像机，画面、声音无死角记录，使用户感觉犹如亲临现场。如果用户佩戴虚拟现实眼镜，还能体验完全沉浸其中的虚拟效果，不在现场，胜似现场。360全景摄像机不重，体积也小，一只手就可以拿起，操作很方便。例如，2016年3月3日，广东广播电视台报道团队在全国政协十二届四次会议开幕前拍摄了人民大会堂东门外广场、一楼大堂以及二楼记者采访区域的360度全景景象。除了虚拟现实图片外，广东广播电视台还首次利用虚拟现实视频技术，记录记者在人民大会堂东门外广场报道政协会议开幕前的准备情况，该视频上线后，引发广泛转发，获得一致好评。

在2016年的欧洲杯足球赛直播上，中央电视台体育频道采用虚拟现实摄像技术，用户只要在电视节目前戴上虚拟现实眼镜就能感觉在赛场上一样，完全融入赛事的气氛，中央电视台在虚拟现实技术应用上的尝试让用户真正感受到了视觉盛宴的震撼。

可见，虚拟现实技术已经开始在媒体上崭露头角，让用户体验到了不一样的传播效果。事实上，虚拟现实技术还可以有更大范围、更多形式的应用，为广播电视媒体的传播效果增光添色。

三、广播虚拟现实技术应用的未来设想

《2015年新闻编辑室发展趋势》报告把虚拟现实列入全球新闻业九大趋势，技术的发展正逐步改变着新闻媒体生产新闻的方式。那么我们设想

一下广播未来在虚拟现实技术应用方面有哪些可能。

我们设想一下，使用虚拟现实技术产品的用户会处于怎样的场景？目前，人们可以在家中使用虚拟现实技术，那么接下来就要制作适配客厅场景、卧室场景、车内场景的虚拟现实广播节目。

1. 沉浸式的客厅虚拟现实技术应用

随着移动终端收听广播时代的到来，客厅场景的主角地位逐渐被移动场景取而代之，"移动"也就成为电台设置节目的重要考虑因素之一。虚拟现实技术可以将用户重新带回客厅，给用户带来新的娱乐与狂欢感受。以新闻为例，虚拟现实沉浸式新闻报道开天辟地地使用户从听新闻、看新闻到直达新闻现场，置身其中能够更直观、更真实地体验新闻事件。2015年5月，叙利亚的一家新闻通讯社利用虚拟现实技术制作全景视频，让用户戴上虚拟现实设备，在客厅就可以360度观看到叙利亚内战后的荒废景象。当用户与战争近距离接触，废墟就在眼前时，对新闻事件会有更加深刻的理解。

虚拟现实技术不仅被应用在新闻节目，还可以被应用在旅游节目、美食节目等很多节目中，让用户体验到不一样的场景。当主持人在绘声绘色地说着旅途的一切时，用户即可以在虚拟世界与之同步：翻过高山，穿越森林，潜入深海，流连都市，随声换景，随境而至。用户甚至可以在线选择路线，设定自己的出行计划。《纽约时报》已经开始尝试运用这种方式，推出了"Walking New York"的虚拟现实技术体验式产品。用户只要戴上虚拟现实设备，就可以流连纽约街头，选择想去的地方。

沉浸式的节目体验将为广播打开憧憬之门，这种跨屏互动的方式，彻底改变了广播单向传播、听众被动接受的局面。广播节目借助虚拟现实设备在客厅场景乃至消费场景的运用，使互动有了全新的诠释。

2. 互动式的卧室虚拟现实技术应用

如果说客厅虚拟现实技术可以给用户带来娱乐和狂欢，那么适配卧室场景的虚拟现实广播节目有哪些呢？你可以戴上虚拟现实设备置身于音乐当中，并可以和附近的听众一起收听，甚至可以借助虚拟现实设备和听众一起"坐"在直播间的嘉宾席上和主持人侃侃而谈。在谈话类节目中，你可以通过虚拟现实技术走进直播间，与主持人面对面聊聊心事，或者看到其他听众的评论内容。虚拟现实技术互动功能的开发，可以实现更人性化、个性化的互动方式，这种互动与电台节目内容相结合，让用户与主持人之间的关系更加紧密，成为无话不谈的好友。

3. 实用的车内虚拟现实技术应用

使用虚拟现实装备，用户开车前可以身临其境地了解一下交通路况，特别是在不熟悉的路段，用户可以看到车流情况、加油站位置、便利店的数量等重要信息，为自驾提供便利的指引。虚拟现实技术还可以提供试驾等服务，对于新出的某款车型，人们（特别是驾车新手）可以通过虚拟现实技术更快地熟悉该款汽车的新性能、操作系统等。如果是乘客，虚拟现实技术可以为乘客提供各种娱乐设施，可以玩游戏、听歌、看节目等，更好地利用长时间旅途或堵车时的空闲时间，给用户带来不一样的节目体验。

4. 构建虚拟现实社区

目前，众多传统媒体已经逐步布局好新媒体阵容，包括微信、微博、移动客户端甚至打造了新媒体传播平台。在新媒体终端，无论是PGC（专业生产内容）模式还是UGC（用户生产内容）模式，都离不开打造社群生态，运营社区经济。社群，广义上指的是某些边界、地区或区域内发生作用的一切社会关系的总和，在互联网时代指的是具有相同志趣、爱好或者才能的人，以亚文化为指向形成的现代新型社群。新媒体终端的用户就是由社群组成的，他们具有鲜明的个性以及与节目相关的爱好，只有抓住节目社群的动态需求，新媒体终端才能更好地服务用户。

对虚拟现实技术的应用来讲，社群同样重要，随着硬件设备的日益完善和人性化，虚拟现实营销必然成为下一个营销热点。我们现在就应该开始布局虚拟现实社区的构建，细分服务对象，有意识打造具有商业潜质的社群，为助力催生下一个盈利增长点积蓄能量。

参考文献

[1] 暴风魔镜，知萌咨询与国家广告研究院 . 中国 VR 用户行为研究报告 . （2016 - 03 - 21） . https：//pan. baidu. com/s/1c1h8uD6.

[2] 腾讯传媒研究院 . 众媒时代 . 北京：中信出版社，2016.

[3] 查克·马克 . 决胜移动终端：移动互联时代影响消费者决策的 6 大关键 . 向坤，译 . 杭州：浙江人民出版社，2014.

［4］梁帆.坚守优势 破茧重塑.收听研究，2016（1）.

［5］芦彬.行业规模超550亿？中国 VR 市场深度分析.（2016 - 02 - 16）. http：//lcd. zol. com. cn/568/5684659. html.

［6］大量国内外投资机构和企业瞄准我国 VR 市场.贵阳日报，2016 - 04 - 11.

广播如何融入大数据时代①

林　邃②

　　大数据浪潮席卷而来，包括广播在内的传统媒体如何融入大数据时代，找到行业再发展的契机，是传统媒体从业者眼下最为关注的问题。

　　新媒体以拥有巨量数据的优势和对数据的深度挖掘能力而迅速成为传播先锋。解放日报报业集团社长尹明华在 2013 年举行的中国传媒大会上说："我们已经从信息时代走到了数字时代和智能时代，如果数据被赋予背景，它就成了信息；如果数据能够提炼出规律，它就是知识；如果数据能够借助于各种各样的工具在分析的基础之上为我们提供正确的决策，它就是资源。"③ 因此，媒体在大数据时代的竞争，就是对数据的收集、整合、处置和使用能力强弱的竞争。

　　大数据时代究竟给广播的发展带来哪些挑战与机遇？广播如何扬己之长，在大数据时代里占有一席之地呢？

大数据时代给广播带来了什么

　　"大数据时代"所形成的传播格局一般分为新兴媒体与包括广播在内的传统媒体。从传统观念分析，大数据时代会给广播带来一些负面影响。

　　首先，"人人都是记者"淡化了广播的时效优势。一直以来，广播以"快"见长，其时效性优胜于纸媒等其他传统媒体。即使面对电视、互联

---

　　① 发表在《中国广播》2014 年第 8 期，获得 2014 年度广东省广播影视奖社科论文一等奖、2014 年度广东新闻奖二等奖。

　　② 林邃，广东广播电视台城市之声广播频率节目监制、记者、主持人。

　　③ 王卫. 尹明华：大数据时代的报业转型. 中国报业网. http：//www. baoye. net/News. as-px？ID＝326464.

网的冲击，传播便捷、携带方便的广播，也与电视、互联网在市场上各占地盘。不过，随着移动终端的普及，微博、微信等社交媒体大量涌现，自媒体在信息传播的时效性上对包括广播在内的传统媒体造成极大的冲击。一部手机在手，谁在现场，谁就能成为记者。以前媒体强调的"第一现场"已经不再专属于传统媒体，分散在社会各个角落的记录者，把发生在自己身边的事件第一时间上传到网络，再经过网络传播，迅速形成新闻热点。记录者身在现场，比传统媒体的"奔赴现场"速度来得更快。

其次，数据数量庞大对广播产品生产带来冲击。大数据时代伴随着信息爆炸式增长而来。如今的互联网，仅新浪微博用户每天发博量就超过1亿条，百度每天要处理数十亿次搜索请求。社交网络的兴起，大量用户生成的内容包括音频、文本信息、视频、图片等数据海量涌现。网民轻而易举地在网络上获取自己所需的丰富信息。相比之下，尽管国内很多电台早已实现了24小时播出，但是无论数量还是信息种类，广播所能提供的内容都显得微不足道。

最后，社交媒体对广播等传统媒体舆论的抗衡。近年，随着微博、微信等社交媒体的涌现，中国的社交媒体用户大增。全球知名管理咨询公司麦肯锡发布的调研报告称，截至2011年底，中国的社交媒体用户数量已达3亿，并拥有全球最大也是最活跃的社交媒体用户群。自媒体在技术上满足网民的传播欲，大量网民通过自媒体向大众提供身边新闻，分享其真实看法。这些来自自媒体的声音因其数量庞大、个性鲜明、"草根"风格等特点，吸引了大量网民的关注，继而引发更多的讨论。对于一些网络热炒事件，传统媒体也因为其高关注度而做跟进报道、发表评论。

例如，2013年2月发生的深圳学生假飙车牵出某交警真超速事件。网眼传媒发布的《2013年2月份网络热点事件舆情报告》显示，该事件首发平台是新浪微博，并在网络上形成两个高峰。事件起因是：一名高二学生为吸引粉丝关注，将网上搜索到的午夜飙车的图片发到自己的微博来炫耀，被@深圳交警发现，警方马上在微博上公示并表示对此展开调查，形成了第一波舆情声量。随后网民翻出深圳某交警超速的照片，期待交警部门的反应，达到舆论的第二个高峰。最后，深圳交警通过微博公布调查结果：该交警确实超速，将处以2 000元罚款并记6分。其间，新浪微博、天涯论坛、腾讯微博等自媒体涌现网民大量转发和评论，由此引发部分传统媒体包括《京华时报》《青年时报》等对事件做相关报道和评论。

不过，从媒体改革探索的成果来看，大数据时代对广播的影响有其积极的一面。

其一，它极大丰富了广播的信息资源。互联网上海量的信息为广播节目制作提供了丰富的信息来源，以及文字、音频、视频等素材。而自媒体的出现，更是把信息的来源无限扩大，任何一位网民都可以成为信息发布中心。现在有不少广播节目就是直接取材于自媒体。

例如，广东广播电视台新闻广播频率开播的《微博大视野》就是一档取材于微博的资讯节目。它以当下热门的微博名人与事件作为每日话题，邀请嘉宾客座主持，实现与听众的有效互动。

其二，它极大拓展了广播传播的空间。互联网时代，电台早已实现网上实时收听或节目点播，而新媒体的出现又为广播的传播方式提供了新的选择。社交媒体的微电台功能，让受众能够在在线环境下通过微博、微信等自媒体收听电台节目。此外，由于近年来广播移动收听量的快速增长，一些传播媒体已经开始了移动收听应用软件的开发。比如，美国国家公共电台、英国广播公司等相继开发了适用于 iOS 系统、安卓系统的应用商店和各类根据媒体定位的栏目性 APP、事件性 APP。统计数据显示，美国广播媒体移动应用软件开发的成效已经显现，2013 年美国国家公共电台传统广播听众和网络访问量持续下降，但新媒体的发展挽救了这一颓势。目前国内的一些电台也已经开始了这方面的尝试，如广东人民广播电台 2013 年 6 月在安卓应用商店上线了广东电台 APP，手机用户可以下载该软件收听广东人民广播电台所有频率的即时节目、节目回放等。

其三，它极大加强了广播与受众的互动。以前广播主持人与听众互动的渠道主要是电话、手机短信，方式较为单一。在新媒体背景下，广播与听众互动的方式呈现多元化。广播借力包括微博、微信在内的众多社交媒体与受众开展形式多样、内容丰富的互动。从 2013 年开始，国内越来越多的电台节目开始使用微信公众平台宣传节目形象、展示节目内容，其中最大的功能是加强节目组与听众的沟通互动。

例如，广东人民广播电台城市之声周一至周五早上 7 点至 9 点的伴随性资讯节目《从 SUN 一天出发》，就是一档把微信平台的即时互动性体现得较为立体、全面的节目。通过节目的微信平台，听众可以用语音或文字对每天的节目互动话题发表看法。同时，听众还可以把上班塞车的路段即时报料给主持人并附上图片，让主持人能够更直观地了解实时路况，为听众提供准确的交通服务信息。此外，节目组还专门设立环节让主持人与听众进行节目后的语音或文字互动，增加听众对主持人的信任度和兴趣度，从而提高听众对节目的忠诚度。这些多元的方式极大丰富了节目的互动性和声音的多样性，得到听众的积极响应和参与。

大数据时代如何做好广播

大数据时代对社会各行各业都是一个巨大的挑战，但也带来了前所未有的发展机遇。作为传统媒体的广播，需要结合自身特点，走一条符合广播传播规律、自身实际、受众需求的发展之路。

1. 针对新媒体信息碎片化的局限性，从深度解读、权威引导等方面拓展自身

新媒体信息碎片化的第一个表现是事实性信息传播的碎片化。信息来源的多元化、信息文本的零散性等，使得受众难以获取完整真实的事实信息。而广播则完全可以通过自身的专业记者编辑队伍，对新闻事件进行深度报道，对新闻事实做多角度、多层次的深度解读，为受众提供经过梳理整合的有价值信息。

新媒体信息碎片化的第二个表现是意见性信息传播的碎片化。这不仅指信息的零散性，更指观点的异质化和分裂性。自媒体的出现，使人人都可以在网络上发布信息、发表观点。但是信息来源是否可靠？信息的真伪程度如何？观点是否正确？这些问题在自媒体里并没有权威的引导。受众只能根据自身的水平和对事物的有限认识做粗浅的判断。

针对新媒体"人人都是记者"的无责发布，应强化广播作为官方媒体的权威引导。节目中的信息经过专业记者、编辑的深入调查、采写、核实，保证信息的准确性。广播媒体应该着力打造素质过硬的专业采编队伍，对那些真假莫辨的信息追根溯源、抽丝剥茧，为受众传递更准确、更

有价值的信息。

广播还应该培养大数据时代的媒体专家。他们不同于擅长数据处理技术但对社会、经济等问题相对陌生的专业工程师和数据挖掘师，媒体专家因为有着大量与社会接触的机会，所以能够真切了解社会，善于对各种社会问题进行思考。广播记者编辑应该尽快了解大数据，懂得运用大数据技术分析社会问题，分析处理民众所关注的社会热点、难点问题，尽早成为大数据时代的媒体专家。

因此，有专家预言，传统媒体完全有潜力成为大数据时代的引领者，利用对大数据的挖掘获取对社会更深刻的观察、解读和预见，在深度解读上有所突破。

2. 与新媒体建立战略合作关系，借力发展

大数据时代的到来，让媒体充分意识到数据潜在的价值与海量分析的必要性。事实上，新媒体公司本质上是技术公司，对数据进行深度挖掘分析的能力是它们的核心竞争力。作为传统媒体的广播，凭一己之力建立大规模的行业数据分析系统似乎不太现实，但是如果能借力新媒体，通过双方达成战略合作，利用新媒体的技术和平台，或许能走出一条有广播特色的发展之路。

借力新媒体，增强广播的互动性。新媒体公司在技术、设备上投入巨大，广播如果能共享这些资源的话就能事半功倍。在借力新媒体平台方面，国外电台已经做了不少尝试，Twitter、Facebook 等社交网站都是国外广播借力进行互动的平台。国外广播媒体一般在这类平台获取信息来源，进行新闻发布、节目互动等，以及收集网民、听众对节目的反馈，注册媒体账号并以文字、音频、视频等方式进行多媒体展示，以传达媒体的理念，宣传品牌形象。

借力新媒体，创新广播的节目类型。未来广播节目的开发应该基于科学的数据分析和受众研究。大数据全面开启了"以用户为中心"的时代。在国外，由于新媒介方式的发展，"用户生成内容"类广播节目非常流行，受众成为广播节目选题和内容的主要来源。在这些节目里，内容完全由听众和网民提供，经过制作人员的编辑与加工，一期节目就诞生了。比如美国国家公共电台让听众在节目里朗读自己故事的《这样的美国生活》等节

目就是属于这种类型。

借力新媒体，创新广播的盈利模式。作为传统媒体，广播长期以来的盈利模式是以好的节目内容、高收听率、良好的覆盖来赢得广告。但是，随着新媒体的出现，这样的盈利模式逐渐走入困境。因为客户越来越注重广告目标的精准度，对自己所投放的广告究竟有没有到达目标客户最为关心。大数据时代的到来，为精准营销提供了技术基础和保障。人们在网络上留下各种数据化记录，数据分析系统只要对其进行分析，就能获知每个人的上网习惯、喜好、最近关注的事情等。只要掌握了用户的消费行为特征，广播媒体就可以制作出针对性非常强的内容、提供精准的服务，从而吸引广告主投放广告。

我们知道，商业模式转型的核心依赖和利用是用户长期积累的数据和反馈意见。掌握了大量用户数据，就有可能建立新的发展模式。如果广播媒体能把众多的用户信息收集起来，建立自己的用户数据库，必定会成为广播媒体的宝贵财富。国外的广播媒体已经开始了这方面的探索，围绕着用户的完整动态数据获取服务和机制正在尝试之中。

那么，他们是怎样实现用户数据的接触和收集的呢？这一实现方式包括几种：用户在上传节目内容之前必须要在官网上注册账户；参与节目的社交媒体互动要注册微博账号；下载广播APP也需要先登录；播客收听需要建立"个人门户"等。

利用数据分析，节目制作可以更加贴近用户需求。比如，美国在线影片租赁提供商Netflix，拥有3 300万名全球订阅用户，对用户的详细个人信息，甚至包括使用服务终端、观看时间等都了如指掌。他们对用户评分、观看记录、用户好友推荐等信息进行深度挖掘，甚至会收集观众按下暂停或快进的数据，从而找出用户喜欢的视频风格、内容、导演和演员等，这些关键信息整合在一起，就是精确的市场调研。根据这些数据，企业可以生产出与用户需求重合度很高的电视剧。电视剧《纸牌屋》的热播就是Netflix善用大数据的一个很好的例子。

根据收集到的用户数据，一些外国媒体还推出了针对用户需求推送内容的应用软件。如美国国家公共电台的"个人播客混编器"已经具有了推荐功能：账户注册后，通过分析用户播放的音频内容，推送基于用户习惯的个性化音频节目。

大数据时代对广播媒体来说既是挑战也是机遇。只要充分认识到大数据的价值，积极寻求与新媒体的合作，扬长避短，勇于创新，广播就能在激烈的媒体竞争中抢占有利位置，迎来发展的又一契机。

参考文献

［1］彭兰．碎片化社会背景下的碎片化传播及其价值实现．今传媒，2011（10）．

［2］熊忠辉．大数据与传统业升级的想象．视听界，2013（4）．

［3］官建文，刘杨，刘振兴．大数据时代对于传媒业意味着什么？．新闻战线，2013（2）．

［4］宋青．为受众需求而改变．中国广播，2013（6）．

传统媒体与新媒体融合路上的版权之困

唐　琳①　钟翠萍

　　当前，网络和数字技术裂变式发展，带来媒体格局的深刻调整和舆论生态的重大变化，新兴媒体发展之快、覆盖之广超乎想象。2014 年 8 月 18 日，中央全面深化改革领导小组第四次会议审议通过了《关于推动传统媒体和新媒体融合发展的指导意见》，习总书记对媒体融合发展提出了具体的目标。变革的发令枪已经响起来，国内的媒体学界和业界欢欣雀跃。融合发展是传统媒体转型升级、求生存谋发展的现实选择。

　　过去，面对电视媒体的冲击，广播媒体通过分众化实现了转型，纸媒通过增加信息、文化和思想的深度守住了阵地。今天，面对新兴媒体的挑战，仅靠转型和坚守已经难以独善其身，传统媒体必须主动进军新兴媒体领域，借鉴新兴媒体的表述方式和信息加工方式，融合新兴媒体的技术优势和传播特点，巩固传统优势，形成新的优势，实现在全媒体背景下的发展壮大。

　　然而，在传统广播与新兴媒体的融合路上，版权问题成为横亘其间、无法绕开，又难以逾越的障碍。对于一个传统广播媒体生产的内容作品，某些创作者并不完全以获取商业利益为唯一目标，主观上更希望扩大传播范围，使更多的受众有机会接触到作品，以体现出这个作品的价值、现实意义和社会影响。从某种意义上说，欣赏和接收作品的受众越多，就越能体现该作品以及创作者的成功。所以，这些创作人或团队并不是一味坚持要用高明的技术手段来防止他人复制、分享和传播。

　　但是，随着解码及传输技术的不断发展，音频资源极容易被无损复制、存储，甚至传播，在互联网时代，一个音频的分享变得极为简单、不

---

　　①　唐琳，广东广播电视台广播新闻中心记者、主任播音员。

费成本，因此侵犯版权的现象非常普遍、严重。当这些音频资源被制成文件在网上迅速无成本传播时，对传统广电业来说是一个严峻的挑战。如果作品版权不能得到切实有效的保护，这不仅会损害原创主体的各项利益，也将制约新兴媒体和传统媒体的融合发展，对产业的发展极为不利。

一、新兴媒体的后发之势

当下，作为四大传统媒体之一，广播正通过移动互联网收听等新渠道发新芽，再次茂盛起来。Online Radio、iRadio、WunderRadio 等应用软件将传统 FM 电台搬上移动互联网，跨地域服务、多功能体验、用户定制等特色，使得用户选择从传统调频渠道转向移动网络渠道，由此诞生了一个新的平台——移动互联网电台。

什么是移动互联网电台？它呈现出什么样的特点？以目前在手机客户端用户数排名靠前的两大移动互联网电台——蜻蜓 FM 和喜马拉雅 FM 为例：

蜻蜓 FM 上线仅两年时间，就拥有已激活的用户 8 000 万，主打音频聚合平台，提供在线新闻、音乐、经济、娱乐、相声、外语、教育、都市、体育、小说、故事、戏曲、交通等 3 000 多个传统广播电台频率，以及主播电台、有声读物、各类播客等点播内容，24 小时不间断提供在线收听服务。蜻蜓 FM 是 iOS、Android、Windows Phone 各大应用商店排名第一的音频 APP。

喜马拉雅 FM 专注于手机电台平台的研发及运营。该公司成立于 2012 年 8 月，目前活跃用户已经突破 6 000 万。该平台的播主数量逾 7 000 名，共创建 24 万档栏目，超过 300 万条音频节目，每天累计播放 2 000 万次。节目内容涵盖有声读物、新闻、音乐、脱口秀、教育培训、外语讲座、儿童故事、健康养生等。

就现阶段而言，蜻蜓 FM 的内容来自全国的直播电台、高校、唱片公司、明星等。喜马拉雅 FM 则是初期通过名人播主积累用户，由用户自己生产内容，"人人都是主播"。这个行业的后起之秀还有荔枝 FM、考拉 FM 等，在它们的音频产品点播 APP 上，可以看到许多用户主动上传自己的音频产品。

短短两三年时间，因为集成了相当数量的音频产品，打破过去传统广播线性和单向传播以及地域限制，移动互联网电台吸引了数千万用户，已经成为备受年轻群体青睐的新生媒体。

这些新兴媒体的一个共同特点，除买断个别名人专栏和少量签约合作外，都是自己不生产内容，只建设集成平台，因为目前许多节目由播主主动上传，所以版权问题尚未被提上台面。可是，如果新兴媒体的点播界面想要引入专业传统电台，版权是绕不过去的一道坎，因为版权无法得到保障，大部分传统广播向这些后起之秀的新兴媒体平台说"不"，这种状况阻碍了传统媒体和新兴媒体的融合。

二、版权问题的产生

网络时代，人人都轻而易举地掌握了复制和传播的技术手段与渠道，而且在内容产品复制与发行融为一体的同时，其接收成本也进一步下降，对很多网络用户（尤其是宽带用户）而言，在线听广播甚至下载音频资源的费用，不过是其所支付的上网费用和电费，这种上网费用和电费对上网者来说不过是一种沉没成本。也就是说，他即使不下载或者不听广播，也得支付这些费用。这些音视频资源使用者根本没有为获得、复制、分享这些产品支付任何价金。

在这样的环境下，随意批量复制和发行受版权保护的音频资源、内容产品的现象普遍存在，使数字音视频产品的版权所有人、创作人及传统广电产业感觉自身的经济利益和权益受到了极大的损害，对新兴媒体呼唤其将内容上传到"非自家"的聚合平台充满戒心，对版权的顾虑成了一根刺。

如广东广播电视台的新闻专题《今日观察》节目，在尝试将节目上传到喜马拉雅 FM 手机客户端的过程中，不到 20 分钟，时长为 5 分 51 秒的调查记者暗访音频"黄牛党花钱可'搞定'探监证"即被下载，除暗访部分音频外，记者稿件被换成另一个女生配音，且没有任何来源交代即被喜马拉雅 FM 的另一档节目重新推出上传，动作之快，截取成本之低，使用之便捷，维权之困难，让人不得不对解决传统媒体与新兴媒体融合路上的版权问题产生担忧。

实际上，互联网对传统广电的冲击已初见端倪。以视频产品为例，互联网渠道对用户的分流是所有电视台都面临的危机，国家新闻出版广电总局发展研究中心 2014 年 7 月发布的《中国广播电影电视发展报告（2014）》显示，2013 年，全国广播电视行业总收入达到 3 734.88 亿元，虽然这一数字还在增长，但增幅比 2012 年低 2.56%。其中，广播电视广告整体收入达到 1 387.01 亿元，增速比 2012 年下降 3.93%；电视广告增速降到了 6.97%。

版权问题的背后是利益问题。电视台与视频网站，一个拥有节目内容，一个拥有网络渠道，各具优势，但内容方目前仍占据强势地位。湖南卫视在 2014 年 5 月宣布了独播战略：旗下完整知识产权的自制节目，将由芒果 TV 独播，互联网版权一律不分销，以此打造自己的互联网视频平台。

如果所有电视台都采取独播战略，将电影、电视剧和综艺节目作为"非卖品"，那对视频网站的打击将是毁灭性的。面对高昂的节目版权费以及电视台的不合作，视频网站不得不努力打造自制节目内容。除了打造自制版权内容外，大型视频网站还纷纷"走出去"，在更大范围内寻求合作。

电视和视频网站的硝烟燃在了前面，广播网络化也越来越明显。现在，各家电台从各自版权和利益保护的角度出发，纷纷开设自己的网站，作为节目的新型传播平台，内容方发力做渠道，渠道方也在拼命做内容，前路如何，还不好说。但我们可清晰预见节目版权内容方与互联网渠道方的摩擦还将持续，整个产业也将在激烈竞争中加速前行。

三、移动互联网版权之困：传播与保护如何平衡

对内容生产方来说，版权是核心价值，版权流失就是价值流失，因此，在整个产品的生产及经济活动过程中，版权保护起着举足轻重的作用。当生产内容作为产品换取广告等经济利益的时候，其版权一方的所有人员都需要采用相应的技术及法律手段对其经济回报做合理保护，以避免被他人盗用或非法牟利。

内容产品创作者在希望作品实现更加广泛传播的同时，又不得不考虑

传播与版权保护之间的冲突，传统媒体在考虑版权保护策略的时候，也要充分考虑使传播最大化，那么，如何在有效传播作品、扩大作品影响力的基础上，使创作者、生产者的经济利益得到合理有效的保护？传播与保护如何平衡？横亘在传统媒体和新兴媒体之间的版权问题又该如何解决呢？

1. 版权的定义

版权即著作权，为知识产权各种权利中的一种，是对权利人所创作的具有原创性作品的法律保护。依据《中华人民共和国著作权法》（以下简称《著作权法》）的规定，作品从问世那一刻起其版权就受到保护，因此无须办理任何诸如登记或保存之类的手续作为享有此种保护的条件。此外，《著作权法》强调，单纯的思想本身是不受保护的，只有这些思想的表现形式受到保护，故版权保护需要同时满足独创性和固定性两个特征。版权包括两种主要的权利：经济权利和精神权利。

版权保护机制的主要目的和作用是保护文学艺术作品、科学技术作品及其创作人的合理利益，以推动文化作品的流转、使用及创作。版权实为"复制的权利"，因此，一旦产生新的复制方式，其权利的内容也将随之发生变化。事实上，从印刷术的发明，到录音、录像设备的出现，乃至今日网络数字技术的发展，每一种新技术、新载体的出现，都不断引发新的版权问题甚至是社会问题，并激化着权利人利益和公众利益之间的矛盾：一方面，版权人总是希望法律能赋予自己更多的垄断权利，以便于从他人对自己作品的使用中获得更多利益；另一方面，作品使用者却希望在使用作品时付出最小代价，因此希望法律能对作者权利做出更多的限制。

2. 常见的版权问题

在信息时代的冲击下，广播电台的内容产品版权面临着严峻的考验，随着技术的逐步发展和逐渐利用，当前存在以下三种版权问题：

（1）由于互联网的冲击，网络音频可以用于广播节目，广播节目也可以被上传到网上，但网络环境下音频产品版权权利人的利益并没有得到应有的保障，广播节目的版权问题陷入了混乱的境地。随着媒介形式的多样化发展，传媒机构之间的竞争日益加剧，音频产品在制作产业链上存在着严重的盗版现象。

（2）广播节目内容和表现形式的抄袭现象严重，原创性节目容易被非法剽窃和使用，从而导致原创节目权利人的市场份额被非法挤占，使得原创人的创作积极性逐渐降低。

（3）在移动互联网平台上，除了原创的广播节目涉及版权之外，大量文学类、有声读物类的音频产品播主，也是未经文字作者授权直接使用其作品进行录制，然后上传到手机客户端的，这也涉及版权问题。

目前最大的问题是，网络环境下的广播节目版权保护界限模糊。随着互联网的普及和流媒体技术的出现，各种作品全然不受技术、地域限制，均可以被"一网打尽"，受众从一个区域扩大到了整个网络覆盖区，广播电台可以从网上便捷地下载所需要的声音作品，传统广播也可以通过网络向受众提供节目，网络成了一个新型的广播交互平台。但是网络在便利了人们制作收听节目的同时，也搅乱了作品版权的保护秩序，被传统媒体认为损害了其自身利益。这些行为在大多数国家都是违法的，但目前我国还没有相关的法律法规出台。

《著作权法》这样定义信息网络传播权："以有线或者无线方式向公众提供作品，使公众可以在其个人选定的时间和地点获得作品的权利。"这一规定是由受众而不是传播者的行为触发的，同时，网络广播是由传播者发起的，受众只能被动接受，却不能对内容进行主动选择，而信息网络传播权所规制的"一对一"式是不适合这种"一对多"模式的。但我国《著作权法》中没有可以规制这类行为的具体权利，这就给版权的保护带来了不确定性。而且目前的版权侵权赔偿额标准由2001年修订的《著作权法》确立，到现在已经13年了，现有法律规定的侵权赔偿数额比正规版权费用还低，这就造成了对侵权行为的变相鼓励，也说明《著作权法》中某些条文已经不适应社会经济发展了，我国应该尽快修订惩罚性赔偿的相关条款。

为了避免网络环境下广播节目出现侵犯版权的问题，我国还需要加快立法步伐，制定出更符合时代发展和技术进步的法律法规。

参考文献

[1] 中华人民共和国著作权法实施条例 2002. 北京：知识产权出版社，2002.

［2］徐殷颖．数字音视频产品版权保护研究．上海：上海交通大学，2007.

［3］张玉瑞．互联网上知识产权——诉讼与法律．北京：人民法院出版社，2000.

［4］寿步，等．信息时代知识产权教程．北京：高等教育出版社，2003.

没有强势的新闻，就没有强势的电台[①]

牛日成[②]

如果说曾经作为传统强势媒体的广播电台已变成弱势媒体，甚至日渐式微之势不可逆转，你是否认同？是什么原因使广播原有的相对优势在媒介竞争中被削弱？面对新的媒介环境和传播格局，重振广播雄风是否尚存可能？其有效的途径在哪里？这一串问题的背后，所涉及的课题多方面而复杂，不同视觉透视可以得出不同答案。本文仅从新闻的角度做一些粗浅的探讨。

一、广播新闻与电台影响力的现状

广播与报纸、电视等传统媒体一样，因新闻而生而长。其新闻媒体的固有特性，决定了传播新闻信息是广播天然和最主要的功能。这在理论上没有争议，但可怕的现状及态势是，众多电台传播真正意义上的新闻空间已被严重压缩，新闻传播功能也被削弱，广播新闻及电台的影响力面临严峻挑战。

1. 广播被严重冷落

近年，市级电台纷纷与电视台合并组建广播电视台，电台变成了电视台的"附属品"。就新闻方面而言，这一改革理论上有利于改变电台与电视台之间的割裂关系，达成新闻资源的共享，以电视之"强"补电台之"弱"，形成强大的合力。

然而，一些地方的改革却走样了。一方面，大量在广播领域沉浸多年的新闻人才被调入电视台，抽空电台，挫伤电台人员的自尊和积极性。另

---

① 发表于《中国广播》2013 年第 11 期，获 2013 年度广东省广播电视社科论文三等奖。

② 牛日成，广东广播电视台广播新闻中心编辑组组长。

一方面，不少电台干脆取消独立的新闻中心建制，并入某一频率，一些市级电台的新闻中心更是彻底消失。此外，广播新闻记者编辑能裁就裁，有的电台完全没有记者队伍编制，只留下一两个编辑东凑西拼应付几个广播新闻专辑。

2. 新闻时段被严重挤压

一些电台，尤其是市级电台，基于广告经营的压力，只能走"薄利多销"之路。由此，广播新闻节目时段能压就压，有的甚至已经被挤压到极限。

一种较为普遍的现象是，大量新闻类专题节目时段让位于各类合办节目和医疗节目，只留下早、中、晚等几个真正的新闻专辑，象征广播新闻形态依然存在。独具象征性的广播新闻节目，实际上几乎变成了鸡肋。

新闻时段被无限度地压缩，加之内容枯燥乏味，等于电台自动放弃广播新闻的阵地与竞争。

3. 广播新闻采访可有可无

一些尚有新闻中心或采访队伍的电台，由于台里压缩成本或人力不足，能不出动记者队伍的采访就不出动。尚存新闻热情的广播记者编辑想去抢新闻，往往因没有采访经费而被迫放弃。

几乎彻底放弃新闻最基础的采访环节，最终的结局是直接导致广播新闻几乎等同于报纸新闻、电视新闻、网络新闻。有的电台一个23分钟的新闻专辑没有一条自采录音稿，依靠清一色的播音员宣读文字，广播新闻应有的特色荡然无存，可听性大大下降。

4. 广播新闻播出模式落后

多数电台新闻基本沿用固定时段、专辑播出的传统模式，一天一般安排早、中、晚三次新闻专辑，时间长度在10分钟至30分钟不等。20世纪90年代曾经风靡一时的每半小时一次"简明新闻"（类似今天的"滚动新闻"）被取消。一些市县级台的早晨新闻专辑，都是提前一天下班前编好，其内容基本是前一天上午发生的，甚至不乏从报纸上摘抄前一天发生的新闻。最新鲜的"昨夜今晨"重大新闻在早晨新闻专辑中毫无踪迹，时效性被严重削弱。无法滚动播报的广播新闻，势必一步一步走进死胡同。

5. 舆论监督乏力

电台，尤其是市县级电台，片面理解"耳目喉舌"的作用，墨守成规，不思进取。一是新闻内容都是当地党委政府会议、领导行踪之类的时政新闻，做"遵命文章"，长篇大论，枯燥无味。二是不敢"得罪"党政部门，大大小小的舆论监督采访基本不敢碰，甚至完全放弃，一概不涉足所谓的敏感话题、负面报道。三是很多电台基本没有民生新闻、深度报道节目。

舆论监督乏力，其后果首先是新闻监督公权力丧失其固有积极性功能，其存在价值与社会作用也势必大打折扣。其次是听众听起来味同嚼蜡，严重削弱电台的影响力与公信力，久而久之部分听众就将广播抛弃。

二、新闻之于电台的重要性再认识

要准确评估和认识新闻对电台的重要性。这看似是一个肤浅、多余的论题，却是探寻重塑广播新闻影响力最重要的认识基础。

1. 广播必须坚持"新闻立台"的基本原则，这是由媒体特质所决定的

新闻媒体作为党和人民的耳目喉舌，其首要特质是传播新闻信息，传播功能肩负宣传大政方针、通达社情民意、传递人文关怀、关注民生问题以及监督政府行政行为、凝聚百姓意愿的责任。新闻是媒体的脊梁。新闻的责任与社会作用显而易见。

就广播而言，必须坚持"新闻立台"的基本原则。这是由广播与电视、报纸同为"党和人民的耳目喉舌"的性质所决定的。这些年来，从中央级到省级、市级多数电台进行了频率细分，包括兴办了交通频率、音乐频率、文艺频率、体育频率等专业频率，通过频率专业化以实现与受众专业化需求的适配，使广播很好地适应了新时期传播发展趋势所需。但是，这并不等于排斥新闻和降低新闻的价值。

事实上，在广播走向频率专业化的过程中，新闻专业频率随之展现出了巨大的生命力。中央电台中国之声就是广播新闻专业频率的成功典范。中国之声倾力打造完全意义上的新闻专业频率，不仅收听率不断攀升，新闻影响力日益增大，而且不少新闻被各大网站、报纸转发。中国之声成为中央电台的拳头节目，强势的央广新闻功不可没。

2. 新闻与经营不仅不矛盾，反而相得益彰

广播谋求生存发展不仅不能排斥经营，还应设法搞活经营。但是，搞好经营并不意味着必然以压缩新闻时段为前提，更不能错误地将新闻与经营对立看待，进而降低对搞好新闻的重视程度及大幅度削减对搞好新闻的投入。

唯有拥有新闻影响力的媒体，才能吸引工商广告的大量投入。新闻影响力越大，广播的影响力越大，广告时段的附加价值也越大。可以得出的一个基本结论是，新闻与经营不仅不存在必然的矛盾，而且相辅相成，相得益彰。

中央电台在大大提升新闻影响力之后，中央电台中国之声淘汰了全部合办节目、低端医疗广告和超长广告，取而代之的是更多高端、精短的商业广告。这不仅为电台赢得了可观的经营效益，而且腾出更多时段办形式多样的新闻节目，由此捍卫了广播的公信力和影响力，也缔造了广播可持续发展的坚实的根基。

3. 搞好广播新闻是媒介竞争所需

现在共存的传播媒介类型包括报纸、广播、电视、通讯社、互联网和手机等。各种媒体平台异军突起，各领风骚，迎来一个"全媒体时代"，也被称为"第四次传播革命"。

随着信息泛滥，尤其是互联网的兴盛及手机的普及，不仅广播、电视和报纸三大传统媒体之间以及同质媒体之间的相互竞争越发激烈，受众的选择性接收也日益明显。受众市场细分、优胜劣汰已经成为不可逆转的时代趋势。

基于广播特有的伴随性收听特点，尤其是中国城市化的加速、汽车时代的到来以及网络广播、手机接收广播的兴起，给曾经被人认为已经走向穷途末路的广播带来新一轮的发展机遇，有了参与竞争并赢得生存发展空间的条件。

媒介的竞争，一定意义上就是新闻的竞争。新闻的影响力，就是媒介的影响力。在激烈的竞争中，新闻对提升广播的核心竞争力能不能输送力量，或者能输送多大的力量，做出怎样的贡献，这些都是值得研究的问题。

当交通信息可以通过微博渠道快速发送、接收以及手机附带的音频功能得到普及之后，曾经因其独有性而威风八面的广播交通信息和"音乐播

送器"功能已不再一枝独秀。一些省级交通台、音乐台原有的强势呈现出衰减趋势，对提升和巩固电台影响力的贡献率不再明显，而可造性较强的新闻无疑仍是广播与其他媒体竞争的重要武器之一。

三、着力夯实广播新闻强势的基础

广播与其他媒体间的竞争需要新闻，准确地讲，是需要强势的新闻。

怎样的广播新闻是强势新闻？打造强势广播新闻需要怎样的条件？这是广播需要准确把握并着力解决的两个关键问题。广播新闻基于广播的特质，构成强势的元素应当包括时效快速、现场直播、滚动播出、条多面广、独家报道、舆论监督、精短评论等。我认为需要在以下四个方面发力：

1. 建设强有力的广播新闻队伍

没有专门的采编队伍何谈竞争？同样，素质平庸的队伍难以在激烈的媒介竞争中抢占制高点，因为没有与强手较量的战斗力。

广播新闻采编制作流程的诸环节需要有记者、编辑、主持人、播音员和评论员等，而且必须培养名记者、名编辑、名播音员、名主持人和名评论员，营造"名人效应"。这些构成人员是广播新闻影响力的直接制造者，每个岗位各具其重要性，缺一不可。但凡采编、制作过程中某个环节存在不相称的明显短板，都会直接影响广播新闻的整体形象，削弱广播新闻的影响力。

创新是提升竞争力的基石和武器。现在一些电台或取消专门的新闻采访机制，或新闻人员贫缺，又或新闻人员素质平庸，缺乏站在新闻前沿的理念，不能适应新传播时代所需，必须致力改变。其途径除了招录高素质人才，也应该对现有的可塑之才通过强化日常业务考核、加强内部业务培训以及外出交流学习等途径提高新闻队伍的整体素质。

2. 让广播新闻滚动起来

在网络快速传播和电视新闻节目大量采用现场报道的强大攻势之下，广播传统意义上独有的"快"优势已非独有，但仍然是广播新闻需要继续坚守和深挖潜力的强项。这就需要以大量采用现场连线报道作为广播新闻的锐器。而且，必须适应"不缺新闻而缺观点"的信息传播时代特点，更多地通过专家学者"即时评论""新闻快评"等发出电台的声音，打造广播新闻的个性特色，树立电台的权威。

广播作为视听觉媒介，其另一个优势是伴随性收听，目前还没有任何一种媒介可以完全取代。复旦大学《全国居民生活与媒体使用调查（2010）》显示，即便是在信息传播手段多元、人们获取信息渠道选择多样的背景之下，在全国公众媒体触达率的统计中，除了电视、网络和报业之外，广播依然拥有 28％ 的比例，居第四位。尼尔森 2011 年的调查数据显示，作为现代信息工具的手机已成为最普遍的广播收听方式之一，在收听手段中占据 48％；兴起的网络电台，占有 20％ 左右的收听比例，给广播拓展了另一片崭新的天地。

电台在境外也没有溃败的趋势。在不少发达国家，收听广播依然是众多人的选择，尤其是车载广播收听。这说明，广播不仅没有被遗弃，还有相当的潜力可挖，潜在相当大的生存发展空间。

需要正视的是，每天设置几个特定时段新闻专辑的传统而古板的播出方式已经彻底落后，无法适应信息快速传播的竞争，难以形成广播新闻的品牌效应。广播新闻要基于伴随性收听这一独特优势营造自身的影响力，唯有一条路可走——轮盘式滚动播出新闻。

中央电台中国之声每天从 6 时 30 分至 24 时全部为新闻节目，从早上的《新闻和报纸摘要》《新闻纵横》，到贯穿整个白天的《全球华语广播网》，再到晚上的《央广新闻晚高峰》《全国新闻联播》《直播中国》《央广夜新闻》，构筑三大新闻板块。其中，全天每半小时一档的《央广新闻》轮盘滚动，不断刷新新闻信息，打造了成功的模式。

3. 以新闻频率为载体营造广播新闻品牌效应

在人类社会进程中，商品交易的出现就伴随着品牌效应。所谓"酒香不怕巷子深"，一定程度上讲的就是品牌的吸引力。当今，更是一个推崇品牌的时代，商品需要擦亮品牌而赢得市场，新闻亦然。

二十世纪八九十年代，一些省级电台开始走上频率细分之路，新闻频道率应运而生。但是，当时的新闻频率还不是真正意义上的新闻频率，通常只是采取每小时或半小时一次的简明新闻形式播出新闻，节目长度多数在 5 分钟以内。名曰"滚动播出"，实为罕见新闻事件最具吸引力的连续性跟踪报道。

中央电台新闻在媒介的白热化竞争中能占据一席之地，有其特有的影响力，与品牌效应分不开。中央电台最有力的拳头节目是专业新闻频率中国之声，等同于中央电视台的新闻频道，而中国之声响当当的新闻品牌就是《央广新闻》。

打造专业的新闻频率，中央电台可为，省级电台也完全有可为的条件。在网络无边际的时代，广播作为伴随性收听的听觉媒体，更有利于快速汇聚八方新闻信息。同时，借助全国广播同行建立的合作关系，可以将新闻频率打造成天下新闻快速展示的平台，塑造广播新闻的品牌。

广东广播电台分析提出，针对信息时代、汽车时代，要让受众顺手打开电台就能听到最新的信息，听到记者现场滚动直播报道，打造新闻品牌。最终，吸引受众在需要信息，尤其是重大事件发生的时候，第一时间想到打开广东广播电台新闻广播频率。

4. 全面出击，提高广播新闻的吸引力

广播作为输出声音资讯的传统媒体，节目内容的优劣永远是能否吸引和留住听众最为关键的部分。针对受众信息需求多元化及媒介竞争激烈的特点，广播必须突破普遍只重时政新闻报道的旧框架，修改广播新闻内容相对其他媒介较为单一、"僵硬"的状态，全面拓展，使之厚实、丰富、生动而富有吸引力。

首先必须丰富广播的内容。如果仅仅满足于一贯强调的完成大政方针、党政动态等重要时政信息的传播，广播新闻就逃不出单调、枯燥的窠臼。因此，除了做好时政新闻报道，还须加大民生新闻、社会新闻、突发新闻的报道分量，赋予新闻应有的人文关怀与人文气息。

经济全球化浪潮席卷而至，国家经济体制从计划经济转向市场经济，国内国际经济的脉搏与每个人的脉搏一起跳动，经济领域的一举一动都会触动人们的敏感神经。因而，做好经济新闻报道应当成为广播新闻赢得受众的一个重要抓手。

最近十年，时代迎来电子阅读、社交媒体、网络电视等方面的变革，报纸、广播、电视已不是公众获取信息的排他媒介平台。人们不仅可以通过博客、微博等自媒体平台独立获得各类资讯，也可以"发新闻"，同时对事物做出判断并发出自己的声音，成为私人化、平民化、普泛化、自主化的传播者。面对非规范性信息，特别是网络言论满天飞的信息传播新局势，广播作为权威媒体，其新闻需要肩负起释疑解惑的使命，在观点争鸣中正确引导社会视听，必须加强广播新闻评论。

广播新闻还必须加强舆论监督报道（批评性报道），做有社会责任、有正义感的新闻。只会"吹喇叭"的新闻必定会被受众抛弃，不以人的意志为转移。唯有敢于批评，才能提升广播新闻的公信力和影响力，赢得受众。

广播作为听觉媒介，不仅需要新鲜的内容，还需要灵活多变的节目形态。新闻节目形态多样化是必然的趋势。需要指出的是，在普遍采用的时政类新闻专辑、深度报道节目之外，必须重视受众的参与，让新闻"热"起来，"活"起来。

中央电台中国之声多个新闻节目都设有微博互动的环节，将新闻与受众紧密联系在一起，为受众提供发言的通道。广东广播电视台新闻广播曾经《美丽说奥运（亚运）》、红极一时的热点新闻热线讨论节目《今日热线》，以及现在的《南都视点，直播广东》《微博大视野》《民声热线》等节目，都因有听众参与而备受欢迎。

四、结语

广播电台面临的现实问题必须加以正视，不能视而不见，更不能掩耳盗铃。否则，电台的生存发展必然陷入更加危险的境地。

没有强势的新闻，就不可能有强势的电台。借用一句行内人士的话作为结语："强势的电台应该是有海量信息、有人文温度、内涵雅致、从容释放的。"

参考文献

［1］医疗"节目"毁掉电台行业？. 南方都市报，2012 - 09 - 09.

［2］第四次传播革命：十年巨变的回顾与展望. (2012 - 09 - 18). http://www.ce.cn/cysc/newmain/yc/jsxw/201209/19/t20120919_21252810.shtml.

［3］房磊. 轮盘式滚动新闻的探索与研究. 记者摇篮，2012（2）.

酒香还需懂吆喝

——从广东广播电视台音乐之声的品牌建设谈起[①]

黄红星[②]

有一句俗话，酒香不怕巷子深。这句话在某个历史时期可能是对的，因为那时好酒不多，只要酒香，就有好酒之徒不怕巷子深，慕名而去。但到了物质极丰富、品牌林立的今天，要在竞争中脱颖而出，那就得吆喝，也就是宣传推广，不然好酒就要湮没在无声无息之中。

当今的广播，也面临着同样的问题，广播这瓶好酒，有着100多年的历史，可谓陈年古酿，一路走来，带给世界许多精彩。到了今天，广播如何在媒体林立、竞争激烈的境况中求生存、谋发展，让广播这个百年老字号愈加响亮，我认为，其中很重要的一点就是：酒香还需懂吆喝。

如果把广播比作一壶酒，那么，这壶酒首先要醇，就是要做好听的节目，让听众听了回味；这壶酒还要香，就是要创立品牌，并使其街知巷闻。要做到以上两点，懂吆喝是很重要的，广播人只有热爱广播，懂得广播，懂得听众，懂得市场，才能懂得吆喝，做到精于策划，善于推广，让广播节目更加精彩，让频率品牌更加响亮。

本文将结合广东广播电视台音乐之声的频率品牌建设，试论广播的品牌节目和活动的打造、品牌的推广与维护、品牌的影响与增值。

品牌是一壶好酒，要有与众不同的气质

当今，传媒市场已经进入品牌经营时代，打造广播品牌已成为广播媒介参与市场竞争的利器。"品牌就是竞争力"——这一观点和理念正在得

---

① 发表于《中国广播影视》2013年总545期。

② 黄红星，广东广播电视台音乐之声副总监。

到越来越多的媒体的认同。

品牌的创立，首先要基于产品的准确定位。就音乐之声来说，如果把它比作让人回味的酒，那么我认为它既不是白酒，也不是红酒，而是一杯色彩斑斓的鸡尾酒，因为就其频率定位来说，它既不是一个纯综合的音乐电台，也不是一个纯类型化的音乐电台，而是一个偏向于类型化的综合音乐电台。目前在音乐之声的节目版面中，虽然主打的是流行音乐，但同时也有娱乐游戏类节目《天生快活人》，有古典音乐类节目《古典纵横》，有艺术歌曲、民歌类节目《美丽早晨》，还有《小说连播》等节目。音乐之声作为偏向于类型化的综合音乐电台的这一频率定位，不是一时的决策，而是在竞争激烈的广播市场中，经过不断探索，长期努力，通过不断打造品牌节目确立的。这一频率定位的特质体现在：①符合广东地域的受众需求；②与其他音乐类电台有不同气质；③在广播市场中具有竞争力。

具体来说，音乐之声在与异地电台的竞争中，突出本土特点，形成自身优势；在与本土电台的竞争中，突出专业特色和明星资源构成自身的优势，特别是在同质化倾向越来越明显的流行音乐领域，通过发挥音乐之声在唱片公司、音乐人方面的资源优势，扩大流行音乐类别节目的优势；在其他同行所没有的或者缺乏优势的高雅音乐、艺术歌曲领域，做到全面占领，突出自身的专业优势，力求使每一个类型化的节目都成为受听众喜爱的品牌节目。通过名牌节目和差异化竞争的战略，实现音乐之声在音乐文化领域的优势占有。

通过品牌节目以点带面，全面提升整套频率的社会知名度，是非常重要的一环。品牌节目在一个地区虽有很高的知名度，也有很可观的社会效益和经济回报，但往往还是比较脆弱，很难持久。要巩固品牌节目的地位，要获取尽可能大的效益，还必须借品牌节目之名，扩大整个频率在社会上的影响力，只有整个频率的社会知名度提高了，才能大幅度提高整体效益，频率的整体品牌才能够真正建立起来。

在音乐之声品牌的打造过程中，在面临音乐资源不是唯我独有，而是所有广播频率共有和共享的资源状况下，音乐之声努力做到人无我有、人有我强，凸显差异化的竞争，彰显节目的个性化、特色化和地域化，由此打造频率的品牌优势，从而提升了音乐之声品牌的影响力，保持了多年来在广东收听率第一的地位。

品牌创立需要准确定位，更需要时间来锻造

一壶好酒需要时间的酿造。同样，品牌的打造和形成是一个长期的、系统的工程，要有一个适应市场符合规律的全新观念，适合品牌打造的一套激励机制，更要有一个品牌建设的长远规划与可行性很强的阶段性计划相结合，才能实现品牌的锻造。

对广播而言，品牌具有三个基本要素：频率、节目、主持人。要使一个频率成为一个品牌，只有以节目为王、不断打造品牌节目和明星主持人，扩大节目和明星主持人的社会知名度与美誉度，才能建立起频率的品牌，并使其不断增值。

因此，音乐之声根据自身偏向于类型化的综合音乐电台的特点，为每一个类型化节目定位，根据其不同的目标听众群，设计节目的形式和内容，使其贴近听众、贴近市场。在培育每个品牌节目的过程中，我们不急功近利、不急于求成、不花样翻新地不断将节目改版改名，因为我们知道品牌建设需要经营管理者付以耐心和耐力。音乐之声现有的不同类型化的品牌节目《音乐先锋榜》《天生快活人》《美丽早晨》《古典纵横》《音响世界》等，都是经过了一个很长的培育和打造过程，才有了今天的节目品牌影响力。

事实上，品牌的打造和维护、保值和增值，常常遇到新与旧、变与不变的困扰。各个电台，包括广东广播电视台音乐之声的节目，总在变与不变的矛盾运动中发展前进。节目改版、节目内容、节目名称，乃至主持人名称的更迭替换，在不少电台的实践中是很频繁的。从适应听众喜好、适应市场需要、适应时代变化来看，这是必要的更新换代，毕竟节目和一般产品一样，也会经历产品的兴衰，有一个老化的客观过程。但是，音乐之声对待节目架构、节目内容和节目名称的变更，是审慎小心的。之所以审慎小心，是因为在我们看来，我们悉心培育的已有品牌，是需要得到悉心维护的，而品牌的维护需要我们采取一系列行动，包括顺应市场竞争的变化、满足听众的需求、保证节目的质量，加强品牌宣传推广，进而维护品

95

牌栏目的形象，维持听众对节目的忠诚度，保证既有的收听率。比如音乐之声的《音响世界》节目从音乐之声开台就有，历经数度频率改版，一直延续至今，节目名称不变，内容和形式却不断更新，成为在音乐音响"发烧友"中常播常新的品牌节目。实践证明，电台节目的改版必须明确目的，不能为改版而改版，为变而变，品牌节目作为电台的无形资产，必须加强管理，才能保证它的保值和增值。

闻香辨色，调制品牌的味道

我认为，品牌是有味道的，或浓郁，或清淡，或刚烈，或绵醇。其味道表现在品牌节目的个性、内涵及其主持人的表达方式、声音魅力等各方面的与众不同而各有风味。

品牌节目的特质，应该体现在三个方面：①显著的标识性；②鲜明的风格特征；③与内容相协调的包装。目前，音乐之声的《天生快活人》《音乐先锋榜》《古典纵横》《音响世界》等一批节目可以说基本具备了这些特点，这些节目具有各自的节目定位和受众群体，其风格特征又各自不同：

（1）《天生快活人》作为户外直播室播出的娱乐游戏类节目，所具有的幽默性、益智性，与现场听众的互动性、表演性，构成了节目强烈的风格特征，让听众一听到节目主持人个性快乐的声音，以及极具个性的节目包装，就知道这是《天生快活人》节目，并让喜爱该节目的听众追随收听。

（2）《音乐先锋榜》既是一个由全国 23 家省级电台（包括港澳台地区电台）共同打造的华语原创歌曲排行榜节目，也是一个推广华语原创歌曲的优秀平台，其一年一度的颁奖典礼更成为华语乐坛的盛典。因此，《音乐先锋榜》节目所具有的专业性、权威性，音乐资讯的丰富性，明星歌手的高到场率，成为这一节目的特点。

（3）《古典纵横》是为古典音乐爱好者设立的节目，它的内容具有欣赏性、资讯性、知识性等特点，构筑起古典音乐的殿堂。

（4）《音响世界》作为音响"发烧友"的"发烧"指南，以丰富的音响唱片资讯、"发烧"唱片的欣赏，成为权威的音响唱片节目。

以上这些节目，所具有的显著的节目标识性，是由节目内容及其形式的个性化构成的，是符合听众的收听需求和审美要求的。

新瓶装老酒，还需懂吆喝

酒香还需懂吆喝。品牌打造离不开宣传推广。它是一项系统的工程，要精于策划，善于推广，必须通过有目的、有计划的策划组织各类宣传推广活动，特别是策划组织具有较大社会影响力的音乐文化活动来不断树立和强化节目的品牌形象。在音乐之声多年来的广播实践中，"办看得见的广播"成了宣传自我形象、延伸广播节目精彩的一个非常有效的方法和手段，它作为一种业务指导思想，一直贯穿于音乐之声的事业开拓和发展之中。

1. 让广播走近听众

音乐之声多年来在"办看得见的广播"方面进行积极的探索，从1997年开办第一个户外直播室——海印广场直播室至今，音乐之声先后设立过"流行前线直播室""东川名店运动城直播室""百德商业中心直播室""名盛演播中心"等多个户外直播室，而其中流行前线直播室成为国内广播界历史最长、品牌节目入驻最久、社会效益和经济效益突出的成功范例，《天生快活人》在流行前线直播室创立的娱乐互动的节目模式，自成一格，常播常新，14年来走出了一条成功的品牌之路。

2. 以品牌节目延伸品牌活动

多年来，音乐之声在努力打造品牌节目的同时，也努力通过品牌节目培育品牌活动，通过节目和活动的结合，不断提升频率的品牌社会影响力，其中有：

（1）由品牌节目《音乐先锋榜》延伸的《音乐先锋榜》年度颁奖典礼、"《音乐先锋榜》群英会"、"星级PARTY"、"M·PARTY"等活动。其中《音乐先锋榜》年度颁奖典礼，现在已成了华语乐坛的年度盛典，每年超过80位歌手出席角逐各大奖项，成为流行音乐界、各大媒体和社会各界关注的事件。其他活动也办得有声有色，扩大了音乐之声的品牌影响力。

（2）由品牌节目《音响世界》延伸的"广州国际音响唱片展"，经过近20年的打造，现已成为享誉海内外的民用音响器材展会。展会的成功，主要得益于有"广播节目常青树"之称的《音响世界》节目在长期经营中，培育了一大批忠实的音响爱好者，同时又为音响唱片行业搭建了一个优秀的推广平台。《音响世界》节目的听众群体是"广州国际音响唱片展"的铁杆粉丝，可见该节目对音响文化的推广传播作用是巨大的，由此形成的文化产业效益和效应都在不断显现并持续增值。

（3）《天生快活人》这个娱乐游戏节目的定位，决定了节目本身不仅要娱乐、轻松，也要健康、阳光，还要为节目的听众提供有益的引导和帮助。为此，结合节目的推广计划，《天生快活人》策划推出的一年一度植树活动以及爱心献血、尊老爱幼等各类公益活动，带动了众多听众的参与，产生了良好的社会示范效应。

（4）依托《美丽早晨》节目，针对节目的目标听众群，每年结合劳动节、建党纪念日、建军节、国庆节等重大节日，策划组织主题性、群众性的歌会以及歌唱家见面会。这些活动策划到位，获得良好的社会反响。

3. 加强横向联合，辐射频率品牌影响

加强与媒体及社会团体之间的合作，以优势互补达到双赢。音乐之声一直以来通过"办看得见的广播"，举办各类音乐文化活动，扩大了自身的影响力，受到了媒体同行及很多文化机构的关注。出于自身发展的需要，音乐之声一直在谋求更多与其他媒体和社会团体的合作，以拓展自身的生存发展空间。近年来，音乐之声与其他媒体合作举办了很多有影响力的活动，比如，与《南方都市报》合作参与主办的"华语传媒大奖"活动；与广东广播电视台珠江频道合作的"麦王争霸·全球粤语歌唱大汇"等活动，不断扩大与媒体间的合作，扩大自身的影响力。

4. 携手商业品牌，共创合作双赢

多年来，音乐之声和众多商家真诚合作，策划举办了许多主题性、商业性的活动，如"百事可乐广东校际音乐节"，雪碧、中国电信、联通赞助的"星级 PARTY"等活动，这不仅对推广电台及节目的形象起到了重要作用，还是电台营收的重要手段之一。商家能通过电台的宣传及影响力，最大限度地推广自己。

　　综上所述，广播的核心竞争力就是品牌节目。广播媒体的竞争，其实就是节目优势的竞争。只有建立了频率的品牌，才能依托品牌频率，更好地开拓市场，占有更多的市场份额，从而创造品牌的价值，取得良好的社会效益和经济效益。要在激烈的广播市场竞争中保持领先的地位，关键在于节目质量、宣传推广、服务听众、营销策略等方面，不仅需要满足广播市场和听众的需求，还要比竞争对手做得更强、更好，唯有如此才有可能在竞争中取胜。

大爱有声：广播公益的创新探索与实践[①]

邓东力　鄞映霞　麦伟平[②]

"大爱有声"是广东人民广播电台（2014 年并入广东广播电视台）于2013 年创立的大型公益行动品牌，2014 年广东广播电视台挂牌成立后，广东广播人继续着力打造"大爱有声"公益品牌。三年多来，广东广播通过整合旗下的新闻广播、珠江经济台、音乐之声、羊城交通台、城市之声、股市广播、南方生活广播、南粤之声、文体广播 9 个广播频率及珠江网络传媒、广播新闻中心的资源，以"大爱有声"公益品牌凝聚社会力量，携手爱心机构，创新地将主流媒体的社会责任担当、广播人宣传和践行社会主义核心价值观，与开展广播公益活动、打造广播品牌、融媒体传播实践有机结合，在广播创新与融合方面进行了有益的探索，并取得了突破性成果。三年多来，"大爱有声"公益项目共举办 30 多个主题的 500 多场公益活动，播出 700 多辑次的广播节目，推送了近 6 000 条次的新媒体信息，直播或制作播发 50 多个网络视频节目，组织创作了 12 首原创歌曲，积极倡导社会主义核心价值观，传播社会正能量，取得良好的社会效益，得到中共中央宣传部、国家新闻出版广电总局、广东省委宣传部等上级部门的高度评价。2016 年 3 月，"大爱有声"获得国家新闻出版广电总局"2015年广播电视创新创优节目"的通报表彰。

广东广播人以创新性思维推进"大爱有声"公益项目，创新广播公益品牌，打造公益合作平台，拓展公益传播渠道，树立了良好的广播媒体形象，大大提升了广东广播的社会影响力。

---

① 发表于《中国广播电视学刊》2016 年特刊。
② 鄞映霞，广东广播电视台广播宣传管理部副主任；麦伟平，广东广播电视台新闻广播总监。

一、品牌创新，以公益提升公信力，实现广东广播品牌的新跃升

公信力是媒体生存和发展的基石，是衡量媒体权威性、影响力和美誉度的重要标杆。广东广播以"大爱有声"的品牌创新和品牌延伸，以关爱社会、集小善为大爱的现代公益精神，通过一系列公益活动和公益宣传，增强人们的公益意识，增强了广东广播的社会公信力，提升了广东广播的影响力、传播力。

在"大爱有声"公益品牌创立之前，原广东人民广播电台各频率都有结合品牌形象打造各种"看得见的广播"活动，其中不少属于公益性项目，但大多是各个频率独自运营的公益项目和公益活动，影响力分散，未能形成广东广播整体的公益形象。

创立"大爱有声"公益品牌的其中一个重要目的就是要将过去分散的公益活动集结成一体，整合资源，培育公益品牌集群，以大爱的名义凝聚公益力量，形成合力，以广东广播的整体形象和 9 个频率叠加的传播力、影响力，掀起社会公益热潮，立体地传播社会主义核心价值观，传播社会正能量。三年多来，"大爱有声"共举办各类公益活动 500 多场：救助重症宝宝、为患再生障碍性贫血女孩募捐、为焦虑的父母寻回离家出走的女儿、为特殊孩子搭建追梦平台、为大学生创业提供指引、组织名医进社区开展义诊并开设健康讲座、主持人赴边远小学开展音乐支教……九大频率以不同形式开展公益活动，新闻广播的"大爱有声·母乳爱"、珠江经济台的"大爱有声·寻找广东精彩故事"、音乐之声助力支持的"追梦天使艺术团"、羊城交通台的"大爱有声·温暖回家路"、城市之声的"大爱有声·爱心自驾行"、南方生活广播的"大爱有声·爱心伴你行——百位名医进社区"义诊活动、股市广播的"大爱有声·创未来大学生公益创业大赛"、南粤之声的"大爱有声·为爱同行——关注自闭症儿童和西部缺水地区儿童"、文体广播的"大爱有声·关爱留守儿童"等。"大爱有声"公益活动惠及的群体从新生儿到耄耋老人，从大学生到自闭、失明等特殊孩子，宣传对象包括公务员、教师、医务人员、社工、志愿者、外来工

等，延伸至社会各个阶层。"大爱有声"活动的足迹从广州的区街、珠江三角洲的其他地区延展到粤西、粤北边远地区。

三年多来，"大爱有声"大型公益行动创造性地开展了"大爱有声·爱心接力大联播"、"大爱有声·美文美声欣赏会"、"大爱有声·有声读物献爱心"、"大爱有声·广播公益广告创作大赛"、"大爱有声·精彩故事"广播公益节目展播大赛、"大爱有声·精彩故事分享会"、"大爱有声·闪耀全城"接力快闪公益传播等大型主题传播活动。这些公益传播活动增强了广东广播对社会生活的主导力，彰显了广东广播主流、责任、担当、服务的媒体形象，提升了广东广播的公信力和社会影响力。

经过三年多的实践，"大爱有声"基本达到了预期目的，在媒体界和社会上形成了较高的知名度、美誉度，广东广播的公益品牌形象得到进一步推广和提升，尤其是在广东广播电视台整合后，"大爱有声"在一定程度上代表了"广东广播"的品牌新形象。

二、平台创新，聚合多元公益资源，打造广播公益生态圈

广东广播各频率在开展"大爱有声"大型公益行动的过程中，不仅主动策划积极参与公益项目，更主要的是以主流媒体的影响力和号召力，聚合媒体、政府部门、企事业单位、公益机构、志愿者等社会各界的公益资源，拓展外部合作渠道，打造一个开放的公益合作平台。

近年来，"大爱有声"公益项目积极嫁接、对接政府、社会、企业的公益资源，打造多元公益平台，走公益聚合之路。"大爱有声"大型公益行动得到广东省文明办、广东省新闻出版广电局、共青团广东省委、广东省妇女联合会等部门的指导和支持，得到民政、公安、交通、医疗卫生、教育等职能机构以及民航、地铁、医院等企事业单位的大力支持，也得到广东狮子会、残疾人基金会公益组织及博物馆、图书馆、少年宫等公共服务单位的支持。

"大爱有声·母乳爱"公益行动，最初与共青团广州市委、广州市青年联合会、广州市妇女儿童医疗中心合作，三年来又不断有新的团体和公益机构主动加入、参与资助，近期，北京市协和医院、广州市妇女联合会

等单位都加入"大爱有声·母乳爱"公益队伍；珠江经济台"大爱有声·打工者之梦"全省巡演、"大爱有声·寻找广东精彩故事"多媒体广播车巡访活动，每到一地都得到了当地市、县、区、镇政府的大力支持、协调和配合；南方生活广播"大爱有声·爱心伴你行——百位名医进社区"系列公益活动携手广东医疗卫生界，依靠广东省、广州市20多家三甲医院的医护专家团队的专业力量，组织名医进社区开展义诊、开设健康讲座……

在当今时代，公益力量只有聚合起来，集聚各方资源，才会形成一种真正的影响力。随着"大爱有声"品牌影响力的不断提升，越来越多的社会机构、企事业单位主动要求与"大爱有声"合作开展公益活动，进行公益传播。2015年、2016年，广东省、广州市妇联主动与"大爱有声"联系合作，开展"大爱有声·走进广东最美家庭"传播活动和"今天如何做女性——羊城女性践行社会主义核心价值观大讨论"以及"羊城女性'爱的宣言'"关键词设票活动，2016年多家爱心企业主动提出合作开展"大爱有声·温暖回家路"送农民工回家过年的活动，爱心机构、爱心企业联系各个频率合作开展的公益活动日益增多。

迄今为止，与"大爱有声"合作开展活动的行政及企事业单位、社会机构、公益组织、媒体近300家，"大爱有声"初步形成一个开放性的公益合作平台。"大爱有声"不仅是公益的宣传者、传播者，更成为公益的参与者、组织者，成为社会公益平台的搭建者。

三、渠道创新，融合新媒体，拓展广播公益传播空间

公益行动需要大众的关注、支持、参与和推动。以往公益传播是通过传统媒体以公益广告、公益节目等形式进行的，然而随着新媒体的出现和网络技术的进步，大众的行为习惯以及舆论传播方式都发生了重大改变。"大爱有声"不断拓展公益传播渠道和传播模式，通过网站、微博、微信、移动客户端、互联网产品等多种媒介进行立体式、全方位互动传播，扩大广播公益传播的覆盖面，提升传播效果。借助新媒体的传播优势，"大爱有声"通过线上线下的多元化渠道，与社会公众建立温暖连接，使公益的声音得到快速有效的传播和推广，让公益活动得到更多的关注和支持。经

过几年的运作,"大爱有声"公益传播形成了以珠江网络传媒为主要操作机构,以精准传媒 X 直播为协作机构,借助专业互联网公司的技术支持,整合广东广播及其各个频率"两微一端"的新媒体矩阵,初步形成了内外联动的融媒体传播运作机制。

(一)传统媒体与新媒体联动、互动,形成公益传播合力

为宣传"大爱有声",广东广播各频率开设了专题节目进行互动宣传。新闻广播先后开设了《大爱有声·母乳爱》栏目、《大爱有声·广东社工服务热线》栏目和《大爱有声·公益中国》栏目;羊城交通台先后开设了《大爱有声·好人故事》栏目和《1052 欢乐帮》栏目;珠江经济台的《大爱有声·珠江暖流》栏目、音乐之声的《大爱有声》栏目、城市之声的《大爱有声·同一天空下》栏目、南方生活广播的《大爱有声》栏目、股市广播的《创业大道》栏目、南粤之声的《U 爱有声》栏目、文体广播的《和儿童一起快乐成长》栏目等,都是配合宣传"大爱有声"活动和相关公益内容的广播栏目,这些栏目倡导爱心传递,传递了社会正能量。

在运用传统媒体宣传的同时,"大爱有声"也积极借助新媒体平台进行传播和推广,通过传统媒体和新媒体渠道的叠加传播,实现传播效益的最大化。

珠江网络传媒作为广东广播新媒体传播的实操机构,不仅在"大爱有声"融媒体传播实践中发挥了重要的作用,还参与了"大爱有声"整合性项目的策划和设计。

在"大爱有声"大型公益行动启动之初,广东广播官方网站荔枝台·广东广播在线就开设了"大爱有声"活动专页,并根据每年"大爱有声"的不同主题设计和制作专版,集中报道活动情况,编辑制作"大爱有声"音视频系列节目,并在各频率"大爱有声"的专栏、微博、微信共享传播,以不同形式在多个平台上进行立体呈现。

"大爱有声"不少大型传播活动还依托珠江网络传媒和精准传媒的网络平台进行互联网化展现。如"大爱有声·精彩故事"广播公益节目展播大赛、"大爱有声·广播公益广告创作大赛"等主题活动不仅在传统广播进行高密度的播出,还通过广东广播及其各频率的"两微一端"进行同步

传播；"大爱有声"年度启动仪式、"广东广播大爱日"系列大型活动，也多是通过广播媒体的"两微一端"和X直播进行同步直播。

作为2015年"大爱有声"公益行动重头戏的"大爱有声·精彩故事"广播公益节目展播大赛，是广东广播人落实中共中央宣传部"行进中国，精彩故事"主题采访活动的具体行动，也是广东广播人"走转改"的生动实践。在此次活动中，广东广播九大频率及广播新闻中心，携手18个市县（区）广播电台，深入基层，精心采编制作，共有70个节目参与了"大爱有声·精彩故事"广播公益节目展播大赛。从8月22日到10月20日的两个月内，9个广播频率以每周两个时段，开设了"大爱有声·精彩故事"广播公益节目展播大赛专栏，进行了共计250篇次的展播；与此同时，广东广播电视台官网荔枝台·广东广播在线中"大爱有声·精彩故事"广播公益节目展播大赛专栏，广东电台及其各个频率的微信公众号、微网站，对节目音频进行了同步推送，并精心配发图文进行推介；记者、编辑、主持人等也纷纷在自己的微信朋友圈转发，收到了很好的传播效果。其中，由心智障碍人士担任特殊主播、反映广州关爱心智障碍特殊群体的新形态节目《生命是一份礼物》，更是引爆微信朋友圈，阅读量超过了150万，点赞数超过4万，评论数超过了3 000条。

2015年"大爱有声"举办广播公益广告创作大赛，创作出一批贴近性、可听性和艺术感染力强的公益广告作品，组委会从中遴选出近70件作品，在9个广播频率以及荔枝台·广东广播在线、官方微信、官方微博等平台进行一个半月共计近4 000分钟的集中展播，并接受广大听众、网友的投票。此次活动在听众和网友中引起了热烈的反响，其中，广东电台官方微信公众号的活动投票页的直接浏览量达57 000人次，累计投票量为13 948票，荔枝台·广东广播在线网站的广播公益广告创作大赛页面的直接浏览量达42 027人次，投票用户为8 449人，新浪微博@广东广播呼吁投票帖的阅读量也达到3万多。

（二）线上线下融合，汇聚广播公益正能量

"大爱有声"推行线上线下互动的公益模式，从线下的公益活动拓展至线上的公益传播，线上发布公益微博、微信，进行朋友圈转发、网站推

介，利用新媒体对公益活动宣传造势，号召人们关注和参与；线下各频率自主对接，开展各自的公益行动，发挥广播媒体特色优势和自主性，掀起"大爱有声"公益宣传的高潮。

2014 年，"大爱有声"公益行动与新浪、腾讯等合作，通过微博、微信等平台进行推送，以新媒体复合传播实现社会影响的最大化。2014 年在新浪微博开设的"#大爱有声#"话题页，访问量在三个月内超过 1 500 万次。2014 年 10 月 18—20 日，"大爱有声"在微博推出"我为@广东广播#大爱有声#代言"接力活动，参与接力的有广播电视主持人、知名演员、歌手、奥运冠军、政协委员，更多的是不知名但被"大爱有声"感动的普通网友，大家纷纷展示自己对"大爱有声"的个性化理解和发自内心的感言。仅两天时间，"我为@广东广播#大爱有声#代言"的接力活动收到原创微博 124 条，转发微博 3 000 多条，阅读量超过 500 万。这场看似"玩乐游戏"的接力活动，传播热浪出乎意料地将"大爱有声"的影响在 10 月 20 日"广东广播大爱日"推向高潮，"#大爱有声#"话题排名在当天上升至新浪微博热门话题榜（公益类）第 4 位。

2015 年，珠江网络传媒设计并装备了一台集新闻访谈、舞台表演、LED 屏显示和音视频采录转播功能于一体的多媒体广播车，随着珠江经济台的"大爱有声·寻找广东精彩故事"主题活动开到广东多个区街镇乡的社区、工厂、市场、学校，通过网络直播活动实况。

2015 年 10 月 18 日，广东广播 9 个频率和广播新闻中心的 20 多位主持人，携手五个公益团体的数百名志愿者，在广州 5 个商业广场举行了"大爱有声·闪耀全城"接力快闪公益传播活动。广东广播电视台官网荔枝台·广东广播在线、广东电台微信公众号、珠江网络传媒、广东广播 X 直播新媒体手机视频全天直播。当天活动直播页的用户访问总量接近 18 000 次，在互动区发布了数百条动态视频、上千张图片，吸引过万条评论点赞，以及上千位网友在现场发照片互动。"大爱有声·闪耀全城"以快闪这样一种活力飞扬的方式，推动全社会参与公益活动，活动做出了声势和影响，使更多的人能响应和分享公益活动，这成为"大爱有声"通过新媒体渠道成功传播的经典案例。

2016 年 3 月，"大爱有声"与广州市妇联、羊城晚报等单位合作，开展了"今天如何做女性——羊城女性践行社会主义核心价值观大讨论"，并通过广东广播电视台官网荔枝台·广东广播在线、金羊网、腾讯网、广州家庭网、广州女性等新媒体的电脑端和手机客户端，开展羊城女性"爱的宣言"关键词投票活动。超过110万市民通过新媒体投票，选出了八组代表羊城女性"爱的宣言"关键词："爱追梦，我奋斗""爱羊城，我传承""爱岗位，我争先""爱公益，我参与""爱家庭，我担当""爱悦读，我智慧""爱扮靓，我够潮""爱健康，我运动"。此次活动通过多机构多媒体合作聚力，加上传统媒体推出的同期报道，产生了规模化的传播效应。

"大爱有声"的融媒体实践，为整个广东广播融合新媒体传播进行了有益的探索。如2014年"大爱有声·有声读物献爱心"活动中，"大爱留声"实体和电子形式的声音产品在微店发起众筹募捐活动，直接促成了广东广播微商城的建立和完善，带动了诸如"广东广播电商狂欢节"的策划实施；又如"大爱有声"信息发布的全台"两微一端"及X直播手机客户端的联动，为广东广播整合全台资源开展重大宣传报道活动的融媒体传播提供了实践经验。

四、结语

广东广播"大爱有声"大型公益品牌行动创新广播公益活动运作，通过整合内部资源与外部资源、宣传资源与社会资源、专业资源与网络资源打造强势公益品牌，搭建公益活动平台，融合传统媒体与新媒体推动公益传播，不仅营造了"人人公益、全民公益"的社会氛围，更体现了广东广播人的责任践行，提升了广东广播的社会公信力、影响力和品牌形象。在新媒体环境下，"大爱有声"还将不断创新，更新公益理念，传播公益价值，运营热点公益项目，继续打造创新的公益合作平台，推出社会化公益新形态，融合创新，在广播公益的道路上不断前行。

参考文献

[1] 曾少华."大爱有声"——广播公益行动宣传如何凸显魅力.中国广播,2015(3).

[2] 鄞映霞.大爱有声:融媒聚力传播社会正能量.中国广播,2016(4).

[3] 鄞映霞.讲述精彩故事,传播大爱之声.广电时评,2016(5).

媒体如何助力公益

——广东广播"大爱有声"助力追梦天使艺术团案例分析①

钟翠萍

媒体深度介入公益领域成为近几年媒体发展中的一个热门现象，媒体与公益结合日益紧密成为一个大趋势，这样的结合无论是对媒体还是对公益行业，都带来了不小的改变。原广东人民广播电台（2014 年并入广东广播电视台）2013 年创立"大爱有声"大型公益行动品牌，弘扬了社会主义核心价值观，有效地传播了社会正能量，强有力地推动了全社会公益慈善的发展，也因此极大地提升了广东广播的社会影响力和品牌价值。

随着以网络新技术应用为标志、以社群传播为特征的媒体新格局的形成，媒体正在经历前所未有之变局。而在互联网深刻改变社会生活的大背景下，公益传播也面临新的问题，正在变局中的媒体如何助力同样在变化中的公益，成为业界关注的新话题。本文以广东广播"大爱有声"助力广州市追梦天使艺术团为例，提出对这一问题的思考。

广州市追梦天使艺术团是由一群特殊孩子家长和社会爱心人士发起，于 2014 年 9 月在广州注册成立的一个公益机构，旨在为有音乐梦想的残障青少年搭建一个展示才艺、融入社会、实现就业的平台。这个非营利性社会组织成立还不到两年时间，实施或参与的公益演出已超过 50 场（其中一场还是在广州艺术殿堂广州大剧院演出），获得社会各界捐助资金近百万元，并于 2015 年获得首届广州市福彩公益慈善项目大赛金奖。一年后，追梦天使艺术团推出的全新项目——"天使之音自媒体广播"又获评"广州十大优秀创新慈善项目""广州市十大助残项目"，可谓一年一个台阶。一个新生的社会组织在如此短的时间里，获得一连串的殊荣和可观的捐助资金，还获得政府部门、本地公益界以及社会大众的极大关注和认可，这

---

① 发表于《南方广播研究》2016 年第 4 期。

样骄人的成绩单，固然与追梦天使艺术团整个团队（包括残障青少年演员团队）的积极进取、奋发有为分不开，更与广东广播"大爱有声"的大力扶助分不开。两年来，"大爱有声"是如何推动这个公益组织的发展的呢？

一、利用媒体自身优势迅速提升公众对公益项目的认知度和认可度

做公益，不以盈利为目标，而是以大众的福祉和利益为主要追求，既需要埋头做项目，也需面对社会，扎根于社区，求得社会大众广泛的共鸣和认同，这就需要广泛而有效的传播。对一个新生的公益组织而言，尽快让公众认知、认可并参与进来是其发展的重要一步。借力有公信力的媒体平台进行宣传是一条快捷和有效的路径。而受互联网冲击正在变局中的媒体也在寻求新的发展路径和抓手。台湾中正大学罗世宏教授从传播学角度，将所有媒体或者所有新闻都阐释为公益媒体、公益新闻。"这些公益组织传播的事情本来就是媒体每天或者经常性必须要去提供，希望引起公众关心、关注，解决这些社会问题与需求。"正是因为媒体与公益组织有着相同的价值观，所以媒体与公益的结合就更显得势在必行。广东广播电视台音乐之声选取追梦天使艺术团作为其"大爱有声"活动扶助项目，除了上述相同的价值观，还有音乐之声频率本身的定位和专业优势与公益项目的高度契合性，这使得追梦天使艺术团一亮相，就站在了一个较高的起点上。媒体在这个项目推动上的专业优势包括了策划优势、资源优势、平台传播优势、公信力优势和执行力优势等。本部分重点就其中的策划优势和平台传播优势进行阐述。

1. 策划优势

媒体人对社会问题的高度关注与敏锐感知，使他们在项目策划上能够站在高处。2014年10月10日，广东广播电视台音乐之声举办了"大爱有声·圆特殊孩子音乐梦想——追梦天使艺术团成立暨首场音乐会"。一群人生并不完美的特殊青少年在广州星海音乐厅，开始了追逐梦想的旅程！他们第一次亮相，就感动了全场观众，城中20多家媒体和一些有影响力的新媒体平台对此争相报道。这次媒体传播和公益传播首战告捷，首先与这

台音乐会的立意相关。这台音乐会没有停留在慈善公益活动常常陷入的"苦难传播"和"消费苦难"的层面，而是着眼于一个特殊群体的成长以及带给观众的感动和启发，即将重点放在"教育的力量、艺术的力量、爱的力量"这个主题上。追梦天使艺术团的首次亮相，体现了媒体介入公益活动所特有的敏锐观察和思考的能力、项目策划以及实施和执行的能力，从而让一个刚成立的公益组织很快获得各方的关注。

立意，是一个项目策划的核心，能否抓住公众的痛点和爆点、提升项目的主题是一个项目是否能够得到有效传播的关键。在追梦天使艺术团近两年的发展中，"大爱有声"公益行动实施了一系列策划，可谓弹无虚发，每一场策划都有侧重点，体现了媒体的专业素养和高度，极有力地宣传了这个公益组织。比如策划了"追梦天使进学校、进社区"的高质量、有影响的系列公益演出活动。其中，2015年3月30日，追梦天使艺术团走进广州市新穗学校——广州唯一的一所工读特殊学校，这所学校的学生都是有一些行为偏差和家人管教不了的"问题"青少年。"追梦天使"们与这所学校的学生共同举办了一场"不一样的成长"的互动演出，"追梦天使"们的成长故事引发师生们的热烈反响，前来参加活动的家长也被深深触动。"你们来得太晚了！"一位学生家长在看了这场演出后对艺术团的孩子们说出了这句肺腑之言。让广大中小学生珍惜生命，尊重生命，接纳不同的生命，正是这个活动的痛点和爆点，活动收到了预期的效果。

2016年5月10日母亲节，"大爱有声"联动广州地铁集团，助力追梦天使艺术团，策划了在广州地铁珠江新城站进行的"大爱有声·母爱让地铁延伸——追梦天使感恩母亲车站音乐会暨画展"，这个母亲节的主题公益活动的策划依然着眼于公众的痛点和爆点，这正是互联网时代的传播要点，用十分接地气的方式走进广州最重要的公共空间，以引起人们最大的情感共鸣和认同。这个活动的策划思想是："在许多人的眼中，孩子的成长和母亲的爱都是天经地义的事情。但是这里的每一个孩子在出生的时候就注定了他们的母亲要比普通母亲要艰辛百倍。无论是最简单的饮食起居还是最复杂的教育，对他们的母亲来说，每一天都是万里长征，都是一场耗尽体力和精力的搏斗。现在孩子们终于在母爱中成长起来了，在母亲节他们用自己音乐和美术的艺术成就，奉献给他们最伟大的、最独一无二的

母亲。地铁本是个行色匆匆之地，而让艺术和爱在地铁中流淌，让地铁在为广州提速的同时还成为广州充满人文和艺术精神的公共空间，对广州地铁而言是一次非常有意义的尝试。地铁让母爱延伸，让艺术延伸，让人们从中可以感受到广州这个城市的温度。"这样的策划立意，让这场活动与大众媒体以及广州的公共空间、文化空间乃至社区社群相结合，彰显了人文情怀，让一场带有半即兴的公共场所的演出，无论是内涵还是外延都得到了拓展，这就是策划的力量。

2. 平台传播优势

首先是"大爱有声"平台传播优势。广东广播"大爱有声"大型公益活动连续开展了三年多，不仅在社会上产生了极大的影响力，而且被上级部门认可，多次获得广东省委宣传部和国家新闻出版广电总局的表彰。追梦天使艺术团开展的系列活动都在"大爱有声"这个平台上得到了有效广泛的传播。其中，在广东广播电视台2015年开展的"大爱有声·精彩故事"广播公益节目展播大赛中，音乐之声采制的以追梦天使艺术团一群特殊孩子的成长为题材的广播节目《怒放的生命》感动了很多听众并获得了该大赛的金奖。

为了更好地传播社会正能量，广东广播电视台音乐之声2015年底启动追梦天使艺术团全省公益巡演活动，以弘扬社会主义核心价值观为主题进行全省传播。目前已先后在东莞、云浮举办了公益演出并获得好评。借力"大爱有声"的平台和品牌，追梦天使艺术团一群特殊孩子在困境中追求梦想的故事感染和触动了越来越多的人，并在全省乃至更广泛的领域被认知、认可。

其次是广东广播传统媒体和新媒体的合力传播优势。追梦天使艺术团的每一次重要活动，音乐之声在节目中都给予了报道和宣传，同时也在广东电台的官方微信公众号和音乐之声的微信公众号上进行推送。而在2015年11月16日举行的"大爱有声·温暖广州——亲爱的小孩——追梦天使艺术团感恩慈善音乐会"，更是调动了广播多个频率的联动宣传和官方微信的持续发力，音乐会举办当晚，广东广播电视台音乐之声不仅进行现场直播，广东广播电视台旗下的新媒体平台也进行了音视频的直播，让广大网友同步欣赏了这场感人的音乐会，比如通过荔枝台·广东广播在线及X

直播手机客户端进行网络视频直播。

没有专业媒体的强势介入，一个新生的公益组织要在短期内获得影响力和知名度并获得政府部门或组织颁发的连串殊荣，是很困难的。事实上，2015 年 6 月，"追梦天使"项目获得首届广州市福彩公益慈善项目大赛唯一金奖，其中一项突出指标就是媒体的推广力度优于其他项目。当然，"大爱有声"这个公益品牌也在这个公益项目的打造和推广中加强了传播效力，可谓两相促进。

二、发动社会资源，策划引爆全城的公益事件

公益慈善是全社会的公众事业，但媒体毕竟有别于公益慈善组织和机构，不可能越俎代庖（媒体自己办的公益组织例外）。媒体积极作为的路径，除了发挥自身的专业优势和资源优势，还能够利用媒体的公信力撬动相关的社会资源，将公益活动传播效果最大化，从而促成对公益理念的倡导、对慈善文化的传播。

以追梦天使艺术团成立一周年音乐会（"大爱有声·温暖广州——亲爱的小孩——追梦天使艺术团感恩慈善音乐会"）为例，媒体在调动社会资源方面可圈可点。

（1）争取了广州市委市政府的支持。争取机会向时任广州市市长陈建华汇报广州市追梦天使艺术团项目，争取市长的情感认同和支持。陈建华听了追梦天使艺术团孩子们的故事之后，马上承诺协调广州大剧院作为追梦天使艺术团一周年感恩慈善音乐会的演出场地。他说："给孩子们一个机会、一个舞台，规格要高一点。"对弱势群体的关怀和帮助彰显了一个城市的文明程度，广州为残障孩子提供世界一流的艺术殿堂，助力他们圆梦，此举在全国并不多见。此次广州市委市政府对这场音乐会的助推，成为活动传播的一个亮点。

（2）争取有公信力的专业平台支持并发动全体市民参与。广州市残疾人福利基金会是有政府背景的社会福利团体，也是具有公募资质的专业基金会平台，亦是广州市追梦天使艺术团的发起单位之一。在一周年音乐会之际，音乐之声以此平台为依托，发动全城市民关注和参与，支持这群孩

子圆梦。音乐会消息发布以来，广州市民纷纷登录广州市残疾人福利基金会网站，通过捐赠获得音乐会的门票。消息发布后第一天，一位盲人阿姨专程来到广州市残疾人福利基金会办公大楼捐款，说："既做了公益，又能愉悦自己，何乐而不为？"一位叫铭铭的广州小朋友，从电台听到追梦天使艺术团感恩慈善音乐会的消息后，就马上催促妈妈上网捐款以获取赠票，希望为当天表演的小朋友加油。不到一个月的时间里，这场慈善音乐会门票就一票难求了！

（3）发动社会各界包括专业团体、单位以及文艺界爱心人士、爱心企业的支持。华南师范大学交响乐团全团出力，为孩子们助演，提供了专业支持。中国青年指挥家、华南师范大学交响乐团指挥张镇知道这场音乐会的信息后，以满腔的热情投入排练和义演，还推荐了青年男高音歌唱家、中国音乐金钟奖美声唱法金奖获得者张学樑参加演出。专业乐团的助阵，极大地提升了这场音乐会的专业效果、感染力和震撼力，在全国公益界和演出界都极为罕见。

广州大剧院参与协办。广州大剧院作为堪称全球一流的专业艺术殿堂，多少专业人士梦寐以求而不得，追梦天使艺术团的孩子们却能够免费登顶这一艺术殿堂。

广东朗诵协会副会长、动画片《喜羊羊与灰太狼》中"喜羊羊"的原声配音祖晴也是踊跃参与，她满含感情朗诵了一首名篇《假如给我三天光明》。此外，著名作家、书画家、文艺理论家刘斯奋先生，广东省书法家协会常务副主席纪光明，广东省书法家协会理事谢佳华三位书法家向追梦天使艺术团共捐赠了四幅书法作品，用他们特有的方式表达对特殊孩子追逐梦想的支持。

广州汽车集团股份有限公司、广州莱凯机械设备有限公司、广州小星辰儿童成长基金会、广州堂会 KTV、五月花商业广场、广东狮子会林颐慈爱基金等爱心企业和机构也纷纷以各自的方式支持和参与。此外，广州 YMCA 义工联会等社会组织也合力参与，提供了包括国际志愿者在内的最专业的义工服务。

（4）发动媒体资源包括新媒体平台共同参与推广。广东广播除了安排 8 个广播频率提前半个月启动一周年音乐会宣传，还联动了城中其他媒体，如广州广播电视台金曲音乐广播共同现场直播，广东卫视《全省新闻联播》以较长篇幅予以报道，《南方日报》《广州日报》《南方都市报》等都做了大版面图文报道，《家庭》《中国妇女报》等杂志和报纸也推出了深度报道。

除了广东广播电视台旗下的新媒体传播，还调动了中国知名的互联网音频平台喜马拉雅FM进行了重点推送和网络直播。另外，网易、新浪等门户网站也对音乐会进行了视频报道。

正因广泛发动和调动了各方资源，这场以特殊孩子为主角的音乐会引起广州全城的广泛关注，成为一次全城爱心大集结行动。从市长到市民，从企业到媒体，掀起了一浪接一浪的爱心接力，一群特殊孩子终于在世界一流的艺术殿堂圆梦。

广东省妇联主席阎静萍受邀看完这场音乐会后说："这是我看过的最感人的音乐会！"广州市教育局局长屈哨兵看了这场音乐会后也表示："广州教育局接下来也要考虑共同开展相关活动。"一位热心观众在朋友圈发出这样的感慨："一场慈善音乐会的成功，在于让人看到了、听到了关于生活和人性的种种。这是一场闪耀着人性光芒的音乐会。"

这场音乐会也是广东广播通过自身的影响力，撬动更多社会资源、着力打造并带动全城的又一件"大爱有声"公益事件，所谓"影响一群人，带动一座城"。

三、催生前瞻性公益项目，传播公益新理念

从传统慈善到现代公益的发展，是一个转变的过程。据不完全统计，我们国家有3 000多家基金会，做的大多数是传统慈善项目，现阶段还着重在传统的救急、救灾、孤寡老人等短期救济；而发达国家的公益更着重多元而长期的发展，如教育、医疗、艺术、就业等。随着社会的不断进步发展，公益也要向新的方向发展，那么媒体就是一个很好的推动和传播现代公益理念的介质。

2016年7月29日，第二届广州市福彩公益慈善项目大赛"十大优秀创新慈善项目"揭晓，广州市追梦天使艺术团2016年开发的"天使之音

自媒体广播"从 100 个参赛项目中脱颖而出,入选三甲。

"天使之音自媒体广播"入选广州"十大优秀创新慈善项目",是因为它的前瞻性以及"用创新的办法解决社会问题"(广州慈善会评选的标准之一)。这个项目的设计,旨在让残障青少年借助互联网技术,在互联网音频平台上开办自媒体广播项目,用他们的视角看世界,发出自己的声音,从而满足残障群体的精神文化需求,探索残障青少年融入社会的就业路径,同时让政府和社会各界有渠道、有平台倾听来自弱势群体的声音,彰显一个国家的政治文明和社会和谐。这样的公益项目已经跳出了一般意义上的扶贫济困助残的层面,而从教育、艺术的角度切入,着眼于改善群体的生活方式和质量。这不只是个体的、短期的救治行为,更是能促进社会的文化、教育、健康的发展,代表了中国公益未来发展的方向。

这个项目设计缘起于广东广播"大爱有声"一个传播传奇案例。在 2015 年"大爱有声·精彩故事"广播公益节目展播大赛中,广东广播电视台羊城交通台制作的节目《生命是一份礼物》引爆微信朋友圈,在海内外广泛传播,阅读量超过了 150 万,点赞数超过 4 万,评论数超过了 3 000 条。这个传播案例成为新媒体传播的一个传奇,引发这个传播现象的其中一个重要因素就是这个节目的主持是由两位有心智障碍的青年来担任,这两个特殊青年走进广播当主播,世所罕见,也是这次传播的爆点。此案例表明,基于残障人自己的视角和声音的传播带给人们不一样的震撼和感动,而目前这样的传播在中国并不多见,值得开发。这个基于新媒体的传播传奇直接启发了追梦天使艺术团的运营团队。"天使之音自媒体广播"由此酝酿产生,并成为跟广播最贴近的公益项目。

而广东广播电视台的专业资源和支持成为"天使之音自媒体广播"项目得天独厚的条件。广东广播电视台原资深新闻主播、中国播音主持"金话筒奖"获得者徐明珠目前义务担任追梦天使艺术团语言班老师和"天使之音自媒体广播"的监制(志愿者)。背靠广东广播电视台,"天使之音自媒体广播"于 2016 年 7 月 25 日上线互联网音频平台喜马拉雅 FM 5 天,就获得了 6 000 点击收听量。

"天使之音自媒体广播"上线后,获得专业人士的好评和鼓励。广东广播电视学会播音主持委员会主任、播音指导王泰兴听了"天使之音自媒体广播"第一期节目后感慨："朗诵得真好，眼睛看不见真实的世界，但心中的世界却浩瀚无垠。虽然看不见文字，却能感受到文字的温度和内涵。没有华丽的技巧，却那样纯洁感人！因为这是发自内心的独白。平稳的节奏，跳跃的语流，充满憧憬，没有丝毫的悲观和怨恨，而这就是支撑她快乐生活的力量。"

不要小看这些微小的声音，正如"天使之音自媒体广播"开篇所言："再微小的声音也是一种力量！"今天一小步，未来一大步，对个人，对社会，这微小的声音都体现了个人的成长和社会的进步，这也正是这个公益项目的前瞻性和创新性所在，也是媒体关注之所在。

四、结语

媒体参与公益、助力公益以及与公益行动的深度融合，不仅为公益组织提供了多样的实现形式和传播途径，也推动了公益组织的创新发展，传播了现代公益慈善理念，对媒体乃至社会上其他人参与公益、选择公益项目，都有启迪和借鉴作用。与此同时，媒体也在公益传播中提升了自己的社会影响力和品牌价值。在媒体转型的大背景下，主流价值、核心价值的传播依然是媒体不变的责任和操守。

用本土语言坚持文化传承

——广播传记《林兆明的艺术人生》的叙事手法与艺术表达①

麦伟平

一、广播传记《林兆明的艺术人生》简介

2016 年元旦，为贯彻中共中央和广东省关于繁荣和发展社会主义文艺的意见，把当代中国人的精神写出来、传下去，提升文艺的引领力，广东广播电视台由新闻广播牵头策划推出"听见·广州"系列节目，制作播出广播传记《林兆明的艺术人生》，以声音为载体记录这位岭南艺术名家的人生感悟；播出林兆明新录制的长篇故事连播《广州往事》，弘扬广州的历史传统文化；出版传记图书《书接上一回：粤语讲古泰斗林兆明传》；创作咏叹热爱广州情怀的粤语歌曲集《听见·广州》。这一系列活动深入挖掘广东题材这个富矿，把握岭南文化的精髓，立足于抢救粤语讲古（说书）艺术的文化遗产，传承岭南文化的精神传统。

其中，广播传记《林兆明的艺术人生》在广东广播电视台新闻广播、珠江经济台、城市之声、文体广播、X 直播、蜻蜓 FM 等多个传统广播平台和新媒体平台播出，听众反响热烈，点击阅读量累计超过 100 万次。

88 岁的林兆明是一位成就卓著、与广东广播渊源深厚的岭南文化名人。他凭借粤语讲古艺术，一嘴纵横，演绎家国兴衰、历史变局，《西游记》《东周列国志》《朱元璋演义》《明朝那些事儿》《赵匡胤》《济公传》《大闹广昌隆》《孙中山传》《张学良全传》《刑警队长》《虾球传》等这些粤语讲古作品，经过林兆明的创作加工、推陈出新，变得生动有趣、深入人心。他的声音在过去将近一个世纪里传遍南粤大地，遍及海外粤语人群居住的地区，成为几代华人正在分享的精神珍馐和永久记忆。

---

① 发表于《中国广播》2016 年第 5 期。

广东广播电视台"听见·广州"系列节目的主创者对中国的传统说书，特别是粤语讲古怀着一种尊重与热爱，作为这个系列节目的首个重头作品，广播传记《林兆明的艺术人生》是广东广播人向广府传统文化致敬的一部力作，它的产生无论是对广东广电、粤语说书事业还是对林兆明先生本身来说，都有着特别的意义。

广播传记《林兆明的艺术人生》以粤语讲古泰斗、话剧表演艺术家林兆明先生的事迹为主要线索，以人物为主线，以故事为牵引，在整部广播传记中贯穿了多个讲古片段和话剧表演，虽然只选取了原广东人民广播电台珍藏的录音片段，但是粤语话剧的魅力和林兆明先生的风采都得到了充分的展现，这就是在尊重传统艺术的基础上进行了适当的创新，在某种程度上，这是一部传承与创新相结合的广播传记。这部传记性质的长篇故事连播节目，重点在于对林兆明先生的艺术人生进行讲述，而讲述人正是林兆明先生本人。在这根主线背后，穿插着艺术、时代、人生、爱情等众多命题，也正是通过这种表现手法，林兆明先生的形象在广播传记中才更加鲜活，因为广播传记展示给我们的不仅是一位粤语讲古艺术大师，也是回归到平凡的个人，从人性的角度带给我们更多关于人生、关于时代的感悟。

二、广播传记《林兆明的艺术人生》的叙事手法

传记性质的长篇故事连播，自然离不开对人物生平的描述。叙事是长篇故事连播节目刻画人物形象时的常见手法，广播传记《林兆明的艺术人生》同样如此。整个节目都以纪实性叙事方式来展开，编导选择以最朴实的方式来对一代粤语讲古大师进行讲述，这种贴近真实的手法是对大师的尊重，同样是对听众的尊重。

（一）以故事为引线

长篇故事连播节目的叙述往往需要通过章回故事来进行，在章回故事中推进情节的发展是一种常见的表现方式。广播传记《林兆明的艺术人生》也是通过 30 辑章回故事来完成整套节目的叙述。节目编导对这 30 辑

章回故事的选取自然是别出心裁。因为即使是一个普通人的一生，恐怕也难以只通过 30 个篇章来正确客观地展示，更何况是在粤语话剧史、粤语说书史上占据着重要地位的林兆明先生的一生，所以故事的选择对编导来说是一种挑战。在 30 辑、每辑 18 分钟的广播节目里，能传递给听众的内容毕竟有限，无论是时间上还是篇幅上都决定无法对林兆明先生的生平进行详尽的叙述，蜻蜓点水的方式又难以体现作品的深度和价值，于是在深度与广度上的均衡，是编导必须要做的重要选择。广播传记选取的 30 个篇章，分别从林兆明先生的事业、家庭和国家命运来展开。

第一辑到第十辑，分别是《侨商世家》《名门之子》《林家大世兄》《澳门摇篮》《广州求学》《法律，还是艺术？》《初入剧社》《从艺不言悔》《粤语话剧》《进京演出》，这部分第一次向外界披露林兆明先生的家族史，讲述他在话剧艺术上出道的故事。林兆明出生在澳门一个富有的侨商世家，从小有良好教养，受到中西方文化熏陶，他个性直率，桀骜不驯，自信敢拼，敏感重情。第十一辑到第十七辑，分别是《琴瑟和鸣》《相濡以沫》《艺术传家》《经历坎坷》《重遇春天》《故旧知交》《最佳拍档》，这部分主要讲述林兆明先生的家庭和友情。林兆明先生和家人的和美亲情，与另一位讲古大师张悦楷先生的深厚友情是整个节目在人生观上的一种表达，编导传递给听众的是一种生死相依的爱情与友情，在这段故事的背后，有着艺术与艺术之间的惺惺相惜，也有着艺术与人生之间的心酸无奈。当中有个人与国家命运相关的体现，在大的时代面前，艺术需要一种品性，大师的品性就是通过在困境中的坚持与抉择得以体现。第十八辑到第三十辑，分别是《相声舞台》《经典 369》《结缘讲古》《巅峰之作〈西游记〉》《历史演义》《鸿篇巨制》《武侠志怪》《英雄豪迈》《帝王传奇》《一嘴纵横》《宝刀不老》《根深叶茂》《听见广州》，这部分是用广播的手法对林兆明大师的艺术成就进行了梳理和总结。这三大部分的故事，从不同的角度对林兆明先生进行了解读，从平凡的个人到一代大师，对其间的坚持与选择、痛苦与困惑、放弃与舍得都有了一定程度的展示。应当说，这部广播传记的成功与这 30 辑章回故事的选择有着直接的联系，它诚实、客观，不避讳我们人性中可能出现的懦弱与心动，用一种真实的表达让观众感受到大师的人格魅力以及粤语讲古艺术的魅力。

（二）主述与旁白的结合

广播传记《林兆明的艺术人生》作为一部传记性质的长篇故事连播，我们强调它是访谈与章回体例故事的结合，很重要的一个原因就在于它并不是真正意义上的访谈节目。作为一个长篇故事连播，它必须遵循故事的特点，有人物、有矛盾冲突、有铺垫与高潮。广播传记《林兆明的艺术人生》文学创作的特征较为明显。主述与旁白的结合，是这部广播传记在叙事方式上的一个重要特点。诚然，林兆明先生作为一个主述人，也是这部传记的主角，但是节目对林兆明先生事迹的处理，以及与故事演进过程相关的时代背景、场景变化和人物心理等都用旁白的方式进行了再加工，这种再加工是对客观存在的事实和人物心理状态进行渲染和提亮。编导的这种处理手法是值得认可的，主要是为了使节目有更多起承转合的逻辑性与亮点，这种主述与旁白的结合，使节目有更丰富的广播声音元素，这种富有立体感的主旁述效果，将传记故事逐层推进。

（三）历史与艺术的融合

无论是平凡的个人还是蜚声南粤的大师，他的命运终究要与一个时代、一个国家的命运结合起来，艺术只有在经过历史的洗礼以后才能变得更加光彩夺目。广播传记《林兆明的艺术人生》的30辑故事，就是对个人、民族、国家、历史的综合性讲述。节目对林兆明先生的讲述在时间跨越上有80多年的时间，这80年也是现当代中国翻天覆地的80年。节目一开始，听众就被带回到20世纪初叶的澳门，从辛亥革命到北洋政府，从抗日战争到新中国成立，从新中国成立初期广东文艺的繁荣到"文革"，从改革开放到新时期的文艺繁荣，再到繁荣和发展社会主义文艺的新常态时期，这是一段中华民族从屈辱走向兴旺的自强之路，然而节目编导并没有将历史的阴暗面过多地融入故事，以免喧宾夺主。当我们将节目定义为粤语讲古大师的传记性质的长篇连播故事时，就不可避免地需要弱化某些历史的色彩，强化人物故事的色彩，但是这种弱化并不是抛弃，无论是林兆明先生表演的话剧和相声，还是他表演的粤语讲古，这些都暗示了一个改变着、前进着的时代，这是历史与艺术融合的叙事手法在这部广播传记里的体现。

三、广播传记《林兆明的艺术人生》的艺术表达

广播传记作为一种艺术，依托于真实的存在，但从本质上来讲，它是一种表达。如同诗歌、绘画、小说等任何一种艺术表现形式一样，广播传记的重点在于表达与传递，只是这种表达要借助于声音、人物、故事等多种方式的组合来予以完成。

（一）话剧与讲古人生的艺术表达

我们从来不怀疑林兆明先生在艺术上取得的辉煌和成就，但是对当下广播传记的听众来说，更多的是了解林兆明先生的艺术地位，而对于其真实的艺术成果，能够领悟或者熟知的人并不多。广播传记《林兆明的艺术人生》，对林兆明先生的话剧和讲古的艺术人生，选择了《进京演出》《经典369》《巅峰之作〈西游记〉》《根深叶茂》4个节点来予以表现，在第二十九辑《根深叶茂》中，林兆明先生说："讲古确实令我获得快乐和满足。《西游记》是我从艺生涯几十年来影响最大的作品，比话剧《七十二家房客》还要轰动。当时我一上街，就经常被观众围住，大家亲热地叫我'哥——哥啊'，模仿我在《西游记》里面赋予猪八戒的口头禅。北京青年艺术剧院刚好来广州演出《文成公主》，主演者白峰溪是我的好朋友，有一次我们一起出外，当她看到热情的观众将我团团围住，她立即表示非常惊叹。当时文艺界的朋友评价我的艺术作品，认为最成功的话剧表演角色是《七十二家房客》的'369'，最巅峰的讲古作品是《西游记》。当时，我的心情十分激动，辛勤搞艺术这么多年，有这两部代表作，不负此生也！看一下国内的名演员，演了一辈子戏，能让观众记住，能留给后世的作品，大部分也不过只有两三部戏。我能够有两部代表作可以留下来，自己也觉得很满足。"

在林兆明先生的话剧与讲古生涯中，所经历的并不如广播传记中描述的那般顺畅与简单，但是对听众来说，这的确是他们认为的大师应该有的人生轨迹。这是广播传记在艺术上的一种处理，每个人的人生总会有起起落落，当编导决定传递给观众一种积极向上的价值观时，那么他就需要对自己要表达的东西进行艺术上的处理和加工，这是一种依托于真实的艺术表达。

（二）情感关系的艺术表达

广播传记《林兆明的艺术人生》在情感关系的展现上采用了更具艺术性的表达方式，无论是林兆明先生与妻子的爱情还是林兆明与张悦楷的友情，节目都采用了唯美的处理方式。其中选取了三个生活细节来刻画林兆明先生与妻子麦庆生的爱情。

第一个细节是林兆明与麦庆生因诗结缘，林兆明在广州解放后新成立的广东人民广播电台录制苏联诗歌。林兆明说："那段时间，我不但和广播结了缘，也因为这些意境优美的诗歌，让我和我的太太麦庆生相识，我印象最深的是以下这首苏联诗歌《爱情的故事》，到现在还记得：爱情不是月下花前的散步/爱情不是长板凳上的叹息/这里有泥泞，也有风雪/爱情是一首美好的歌/好歌却是不容易谱写成的。"

第二个细节是林兆明婚后家庭生活的和美图景。"在离我们家不远处，靠近大院门口的地方，有两棵大榕树和一棵红棉树，每年开花季节，木棉花开得非常漂亮。我家保姆时常带着我家几个孩子把树上掉下来的新鲜的木棉花带回家煲粥吃。那时我家里有一台钢琴，我太太庆生每天都在琴边练声唱歌，我在那里背台词，小女儿阿端就跟在旁边唱歌跳舞。"

第三个细节是麦庆生的病逝对林兆明晚年生活带来的巨大精神冲击。林兆明讲述："那时庆生的身体越来越不好了，我时常陪她去澳门游玩散心。我清晰地记得，那天，我们一起去逛街，她说我们的二儿子阿强生日快到了，要给他买生日礼物，我们去商店挑了礼物。回到家里，庆生说很累，要去休息一下。没想到，她就这样走了。她最后的一句话就是：'我好累，我想休息下，你不用叫醒我。'庆生从此就离我而去了！"作品在此处插入了不可缺少的旁白："相濡以沫几十年，同甘共苦见真情。退休之后的林兆明经历了痛失贤妻麦庆生的打击，一种前所未有的孤独感让他难以摆脱。"

作品在刻画林兆明先生与另一位粤语讲古大师、他的最佳拍档张悦楷的友情时，同样选取了最能凸显两人深厚情谊的几个生活片段，如"文革"被批斗前夜的同盟约定,在英德干校张悦楷为病中的林兆明送馒头,回剧团后林兆明、张悦楷成为艺术合作的最佳拍档,林张两人退休后每年除夕总要互相上门拜年祝福。

一段是相濡以沫的爱情,另一段是最佳拍档般的兄弟情谊,关于这两段感情,节目在表述上都非常纯美,突出了艺术上的共鸣,知音之间的惺惺相惜。这种精神上的纯美与节目的节奏、艺术气息是吻合的,编导在处理情感关系时,刻意表现其纯美的品质,所以选择了对节目中的情感进行艺术处理。

(三) 时代特征的艺术表达

人物都是有着时代属性的,林兆明先生也不例外,他的前半生置身于一个喧闹动荡的时代,节目对时代特征的描述,总是通过一些细节来体现,例如,传记的开头叙述林兆明在澳门成长的时期,通过旁白叙述和专门制作的音乐明确地向听众交代了时代背景。在第七辑《初入剧社》中,广播传记用林兆明目睹海珠桥被炸的细节表明广州解放的关键性节点。在第八辑《从艺不言悔》中,作品用林兆明在"土改"期间和农村"三同户"一起吃的唯一一顿米饭的细节,交代了当时的时代背景。在《重遇春天》中,传记叙述改革开放之后,林兆明先生到美国登台表演相声和小品,受到华侨华人的热烈欢迎,且能在美国许多电台收听到自己的粤语讲古节目。这些细节犹如点睛之笔在提醒着人们,时代在不断演进。这是广播传记中时代特征的一种艺术性表达。

(四) 地方文化的艺术表达

粤语讲古是贯穿整个节目的点睛之笔,编导凭着在广播专题制作上的深厚功底,凭着对粤语母语与生俱来的熟稔与感知,在粤语讲古的选择与录制上得到充分的体现。粤语讲古是中国优秀传统文化之一,是粤文化的重要组成部分之一。节目对粤语讲古魅力的艺术表达,主要集中在第三部分的《结缘讲古》《巅峰之作〈西游记〉》《历史演义》《鸿篇巨制》《武侠志怪》《英雄豪迈》《帝王传奇》《一嘴纵横》《宝刀不老》这九辑。在这九辑中,每一辑都穿插播出这样一句提示语:"如果没有听过这声音,你都不好意思说自己是广州人：【林兆明录音：'猪八戒对孙悟空讲"哥——哥啊"'……'孙悟空挥起金箍棒大叫一声："唧唧唧，我老孙来啦！"'……'三六九就系我，嗱，益下你啦！'】长篇连播《林兆明的艺术人生》，由粤语讲古泰斗、著名话剧表演艺术家林兆明，口述将近一个世纪的人生历史风雨和他不可复制的艺术感悟。"

这部分通过对林兆明先生十五部粤语讲古作品的分析和梳理，归纳出这样的艺术总结："林兆明的讲古作品之所以成为传世之作，在于他对粤语艺术价值的探索与坚持，加上深厚的话剧表演造诣，才可以在讲古和演剧之间，在精致与通俗的表达中游刃有余，处处有戏，声声是艺。"

这部作品充满了广府地方文化的艺术表达，在广府文化自豪感与自信感面前，这种艺术化的处理是恰到好处的。

四、结语

声音是广播的源点，用不同的声音表达方式来展现区域文化特色，解读城市发展的变迁，将凸显出广播在声音传播上的先天优势。广东广播电视台的大型广府经典文化系列节目"听见·广州"以弘扬传承广府文化的立意高点，撬动整个社会的受众杠杆，该系列节目从广播节目内容生产中挖亮点，并进行发散，使其成为传承广府区域文化的一个代表，进而提升活动规格，扩大了社会影响力和活动参与群体。

作为这个系列项目的首个重头作品，广播传记《林兆明的艺术人生》利用广播的特性，用普通话和粤语方言推广本土的语言文化艺术，展现了广播行业对保护和传承传统文化的社会责任感。这个作品用适合声音传播的叙事手法和艺术表达，讲述了一个粤语讲古大师林兆明先生的故事，通过"听"将本土文化进行一种情感的传播和渲染，是一种值得肯定的文化传承。

传承岭南文化，创新传播形式，提高媒体影响力^①

陆敏华

2016 年 4 月 9 日，在广州第一高峰——白云山上，广东广播电视台首个广播户外讲古台——"云山珠江讲古台"揭幕，缪燕飞、黄俊英、李伟英、郑达、颜志图、霍沛流等广东粤语讲古名家悉数到场，阵容鼎盛；近千名"古迷"闻讯而至，气氛热烈。"前文再续，书接上一回……"粤语讲古人端坐讲台，轻摇折扇，口若悬河，妙语连珠，这一场面今后将定格在广州白云山顶，成为广州一处新景致。

"云山珠江讲古台"是广东广播电视台珠江经济台与广州市白云山风景名胜区管理局联手打造的广州新文化标志，通过广东广播电视台荔枝台·广东广播在线及珠江经济台官方微信平台等新媒体向全球现场视频直播揭幕仪式。活动举办的 24 小时内，"云山珠江讲古台"启动的新闻通过《南方日报》、《广州日报》、南方网、大洋网、凤凰网、ZAKER、东莞时间网等及中国广播、广东广播电视台广播及电视新闻中心向全球报道发布，不少媒体和网站也纷纷转载。

其中，《广州日报》4 月 10 日以"白云晚望听'古'声"为题发表图文报道，4 月 11 日又在第二版发表陈小雁的评论《白云山讲古，非遗活用有民意》。文章高度评价广播户外"讲古台"项目的社会影响和文化品牌价值："'云山珠江讲古台'的出现，不仅丰富了登山民众的娱乐活动，而且为讲古人提供了宝贵的表演平台，让粤语讲古这种古老的文化范式得以延续下去。……如果'非遗'只停留在记载、展示等阶段，那么再精湛的技艺、再辉煌的过往都无法扭转其'颓势'。因此，如何在现代生活中找到切入点，注入时代血液，优雅而从容地在现代生活中找到一席之地，提

---

① 发表于《中国广播》2016 年第 11 期。

高'曝光率'，增加用武之地，对于'非遗'保护，更为重要。"

接地气——立足本地，弘扬岭南文化精髓引共鸣

北有说书，南有讲古。讲古是粤语地区一种生动活泼、群众喜闻乐见的艺术表演形式，凭讲古人三寸不烂之舌，娓娓道来，让人意犹未尽，欲罢不能，拍案叫绝，尽显本土文化魅力。

20世纪80年代，著名粤语讲古大师张悦楷、林兆明等在广东人民广播电台播讲古典长篇小说《三国演义》《西游记》《水浒传》等作品，将粤语讲古艺术推向了顶峰，创造了省内万人空巷"听古仔"的奇观。但是随着时代的发展，各种娱乐方式和新媒体的不断涌现，近年来，讲古文化在广州逐渐式微。粤语讲古作为"非遗"文化，需要培育新人，传承发展。

2016年猴年立春日，珠江经济台应听众热切要求，重播林兆明大师粤语讲古巅峰之作《西游记》，启播仪式就在白云山顶举行。粤语讲古界名人欢聚一堂，为讲古艺术鼓与呼。当天活动后，广东广播电视台副台长曾少华提议设立固定形式的广播讲古台并亲自到现场选址，与白云山管理局一拍即合，地点就定在羊城八景之一的"白云晚望"，同时命名为"云山珠江讲古台"。

作为广东文化的重要组成部分之一，粤语讲古有着深远长久的历史，深受广东人的喜爱。粤语讲古也丰富了无数人的童年，已经融入了不少"老广"的生活，成为几代人的美好回忆。讲古泰斗林兆明说，培养新的讲古传承人和观众群迫在眉睫。"对于讲古传承人的培养，不仅需要各讲古大师的积极培养，还需要喜欢讲古的人们在实际行动上的配合。"首届"羊城讲古鳌头赛"启动的消息通过广播、报纸、网络等传播后，吸引了一大批青少年和青年讲古爱好者报名参赛，主办方将分十期举行海选。4月9日"云山珠江讲古台"揭幕现场，300多名"古迷"闻讯而至，将大师们围得里外三层，场面热闹人气爆棚。当日首场比赛上，选手们如瓶倒水的演绎吸引了台下观众，观众聚精会神，生怕听漏一句，有时遇到某个故事情节时，更会"哄"的一声响起观众被逗乐的爆笑声，其火爆程度丝

毫不亚于当年讲古全盛时期。其中，6位小学生的表演更是吸引了全场观众的目光。6位小学生的年龄介于6岁至10岁，尽管年纪轻，还面对着台下诸位讲古大师，但"初生牛犊不怕虎"，他们胸有成竹，从容谈定，讲古语速、姿势、表情颇有大师风范，赢得台下观众阵阵喝彩。此后，讲古成为白云山顶的固定演出节目，受到热烈追捧。

搭平台——广播与讲古艺术密不可分，广播成就讲古黄金20年

对于张悦楷、林兆明、冼碧莹、缪燕飞、梁锦辉、陈波、叶振邦、黄俊英、李伟英、郑达、颜志图、霍沛流等名字，"老广"再熟悉不过了，在广播里听他们讲古，于"老广"而言是一段难忘的岁月和深刻的记忆。30年前，中国首家经济广播电台——珠江经济台开播，午间王牌节目《小说连播》家喻户晓，广东粤语地区"边吃午饭边听广播小说"的场景随处可见。

珠江经济台品牌节目《小说连播》一直雄踞广东特别是广州地区收听率及市场占有率第一位，几乎所有广东讲古名家的作品都在这里汇集播出。2016年，珠江经济台迎来开播30周年，为表彰讲古大师们的杰出贡献，活动当日，广东广播电视台副台长曾少华向他们颁发了"小说连播30年·岭南讲古艺术家"感谢状。

艺术家们感慨万分地说："广播把握了岭南文化的精髓，创新思维，传播本土独特的讲古文化，让名家名篇以百姓最容易接受的方式留存了下来。感谢广播为我们提供了一个表演传播平台，正是有了广播电台的大力支持和推动，才创造了二十世纪八九十年代粤语讲古艺术的黄金时代。"

"云山珠江讲古台"的设立，为广大讲古爱好者和群众提供了一个听古学古、切磋技艺、交流心得的崭新平台。这里将定期举办讲古比赛，同时邀请讲古大师、古坛新秀、广播名嘴等在此开讲，将粤语讲古艺术这一岭南文化的精彩篇章继续演绎下去。

聚合力——以创新思维推动广播跨界融合

"云山珠江讲古台"坚守了讲古阵地，创新了讲古形式。白云山不仅人流众多，也是人们休闲度假的好去处，在广州的云山之巅上讲古听古，别有一番风味。"云山珠江讲古台"的设立以及首届"羊城讲古鳌头赛"的举办，得到了粤语讲古大师以及社会各界的热烈响应。珠江经济台还将发起并筹划组织"岭南讲古人学会"，运用富有民族特色的元素符号、形式样式，创作生产一批思想性、艺术性、观赏性俱佳，经济效益和社会效益相统一的岭南讲古精品新作，弘扬中国精神，凝聚中国力量。同时通过学术交流、培训、比赛等方式研究发展岭南讲古文化。

此外，整合社会资源，在人气旺盛的地方设立"云山珠江讲古台"，以"广播＋旅游"的融合方式传播岭南讲古文化，这是一种创新，是广播服务大众的延伸，是2016年广东广播电视台着力打造文化创意新品牌的行动，将会带来良好的传播效果和社会效应。

广传播——文化纽带，连接中外沟通世界

粤语讲古，相当于北方说书，形神兼备，是一种最具代表性的民间艺术表演形式；叙述、描绘、对白、抖包袱等是粤语语言艺术的生动表现，这对海外讲粤语的华人来说，是割舍不掉的乡音乡情，是榕树底下听讲古的美好回忆，是认同中华文化的纽带。

2016年2月，林兆明大师粤语讲古巅峰之作《西游记》开始在珠江经济台重播，引起了广泛关注，使"古迷"沸腾。

珠江经济台借广东首个广播讲古台落户白云山的契机，通过网络，面向全球，策划发起首届"羊城讲古鳌头赛"，挖掘培养"粤语讲古新人王"，除了培育本地新人，让名师传帮带，还用这种方式凝聚海外华人，让岭南文化在更大范围焕发出勃勃生机，以此增强岭南文化的国际传播力。

广东省委宣传部部长慎海雄指出，要拿出实际行动，着力推动文化产

业跨界融合，推动文化产品的创新，实现"文化 + 网络""文化 + 旅游"等融合发展，大力打造文化创意品牌。知名文化品牌是一个地方的文化符号，只有形成品牌效应，才能使我们的文化产品、文化服务叫得响。

　　作为媒体，珠江经济台户外广播讲古台的设立，整合内外资源，创新服务模式，面向基层，满足群众文化需求，锻造了可持续发展的内生力量。目前，珠江经济台已经在广州琶洲、沙湾开设了系列讲古台。岭南讲古艺术在全媒体推动下从广播走到线下，焕发新生机。

《寻找向上的力量》：小故事汇聚正能量①

邓东力　尹铮铮②

为宣传和践行社会主义核心价值观，弘扬主旋律，传播正能量，广东广播电视台新闻广播从 2014 年 4 月起在《直播广东》节目中开设系列专题栏目《寻找向上的力量》，栏目围绕宣传和弘扬社会主义核心价值观的主题，报道广东平凡好人的敬业、诚信、无私、忘我等大爱、大义，用人物的感人故事和高尚精神推进全社会的价值认同和价值践行，以他们生动鲜活的人物形象诠释社会主义核心价值观。

《寻找向上的力量》深入挖掘和宣传道德模范与平凡英雄，聚焦善行义举，大力宣扬他们助人为乐、见义勇为、诚实守信、敬业奉献、孝老敬亲的感人事迹和崇高品质，宣传报道广东的普通"好人"，倾听他们默默付出的平凡故事，挖掘生活中最打动人的精神力量，记录他们用善的品德展示人性之美，汇聚辐射向真、向善、向美的社会正能量，将社会主义核心价值观宣传落到实处。

在社会主义核心价值观的宣传报道中，广东广播电视台新闻广播以《寻找向上的力量》栏目为依托，发挥广播特色，创新方式方法，努力使积极向上的主流价值观宣传取得普遍渗透、润物无声的效果。

一、高调宣传"好人"，传播社会正能量

《寻找向上的力量》栏目挖掘普通广东人的故事，报道好人好事，弘扬新风正气，展现他们的善举。从敬业奉献的乡村教师曾庆凤到敬业奉献的航标工王翠强，从助人为乐的好医师陈秀华到诚实守信的好"的哥"张

---

① 发表于《中国广播电视学刊》2015 年第 6 期。
② 尹铮铮，广东广播电视台新闻广播新媒体组监制。

社会，每一期栏目都充分展现个体形象，注重用细节说话，挖掘每一个感人的亮点和瞬间。虽然每一期栏目篇幅都不长，但都是真人真事，拨动人的心弦，激动人的心灵，充满情感的穿透力和震撼力，在润物无声中展现社会主义核心价值观的向上力量，实现让正能量入脑、入耳、入心的宣传效果。栏目中宣传的黎小东是广州开发区广州凯得控股有限公司的一名普通员工，入选"广州好人"榜单，被称为"草根助学达人"。从 2010 年至今，黎小东在上班的 8 小时之外牵头组织的慈善活动，共帮助 200 多名贫困学生找到捐赠人，累计募集 110 多万元善款。赖嘉河是深圳罗湖区总商会的职工，1997 年以来累计无偿献血 154 针次，组织集体献血 20 余次，成功动员 5 000 多人无偿献血，为推动无偿献血志愿服务 3 000 多小时，因此，他七次获得全国无偿献血最高奖，两次获得全国无偿献血促进奖。他父亲捐献的眼角膜使三位盲人复明。赖嘉河被评为深圳"十大最具爱心人物"和深圳关爱行动"爱心大使"。

《寻找向上的力量》注重用平凡人的故事感动听众，让听众从这些平凡人的善举中感受社会主义核心价值观的精神力量。栏目中报道的这些平凡人物没有惊天动地的故事，但通过宣传，我们可以感受到他们对生活的追求、对社会美德的坚守，他们用自己的实际行动，诠释了社会主义核心价值观。

《寻找向上的力量》讲述的故事，反映了当前社会风气的主流，体现了平凡广东人执着的精神追求，体现了他们的道德境界。《寻找向上的力量》以开放的视角，体知社会温度，记录时代进步，展现社会正能量。

二、"小人物"体现"大感动"，"小故事"反映"新时代"

《寻找向上的力量》宣传着眼于"小人物""小事情"，有意识避免已有先进典型人物的重复宣传，栏目讲的大都是普通人在日常生活和工作中经历的平常事，在自己的小世界里，他们只是默默无闻、认真生活的小人物，但他们的行为确实给我们带来大感动。栏目紧扣"平凡"中的"不平凡"、用"小爱"彰显"大爱"，在表现手法上，栏目力求符合日常化、生活化的要求，避免雕琢渲染。宣传这些凡人善举，让人觉得这些人物更可亲可信，拉近他们与普通群众的情感距离，增强认同感，引发社会共鸣，起到让社会主义核心价值观潜移默化、润物无声的作用。栏目报道的人物大都很普通，但又有着不普通的感人瞬间，他们用点滴善举为构建和谐社会贡献力量，用爱心提升了价值的高度，为全社会标明了追求的方向，激励人们不断奋力前行。栏目中报道的尚丙辉是广州一家废品收购站的老板，十几年来一直和垃圾打交道，却被称为"最美破烂王"，只因多年来他利用自己开的废品收购站，收留、扶助了许多流浪者。聋哑老人刘国利在他的帮助下找到亲人，残疾老人徐小柱被他当作亲人一般与其生活十余年……他成立的"尚丙辉关爱外来人员工作室"让许多流浪者感受到了家的温暖。李笑玲是一个双下肢残疾的人，但她以坚强的意志克服生活和经济上的各种困难，和丈夫一起创作出无数具有浓郁岭南特色的剪纸，作品获奖无数，多次被国内外各大媒体报道，还多次作为国家礼品被国内外多个国家和机构收藏。他们夫妇曾作为广州使者被邀请到新西兰等国进行友好访问和技艺表演，精湛的技艺让外国友人惊叹。

《寻找向上的力量》注重讲故事，尽管这些故事中的人物大都是普通人，但在生活中他们的感人事迹让人铭记，平凡中显非凡，细微中显高尚。栏目通过一个个鲜活的故事提升宣传报道的思想内涵和引导作用，报道在日常生活中帮助、支持、感动他人的先进个人，弘扬真善美。栏目注重挖掘人物线索，用鲜活的手法报道"典型"人物，捕捉平凡人物的闪光点，让人物宣传更具感召力、吸引力，展现这些平凡好人身上的善良、勇气、信念，宣传他们以至善至美的精神力量激发和凝聚社会正能量。这些人物大多没有轰轰烈烈的事迹，但他们以有责任的实干服务群众，以自己的公益精神和力量帮助有需要的人。

三、行走于基层一线，触摸社会脉搏

在采制《寻找向上的力量》的过程中，记者深入"走转改"，将关注的目光投向基层百姓，用具体的事例、引人入胜的情节，生动讲述精彩动人的故事。《寻找向上的力量》讲述的这些故事接地气、真实，正面价值大，通过这些故事，可以让更多人明白，当好人做好事是光彩的事，能得

到全社会的认可和尊重。广东新闻广播记者深入一线宣传报道广东好人，用平凡好人的高尚品德影响社会，用正能量温暖社会。

四、结合公益活动，提升宣传效果

《寻找向上的力量》栏目宣传与广东广播"大爱有声"公益活动充分结合，凸显栏目和活动的特色。广东广播"大爱有声"公益行动在2013年启动，2014年进一步提升了活动的质量和影响力，举办了多个系列多种形式的公益活动200多场，推出280多期专题节目，吸引了众多热心听众和社会爱心人士积极响应和参与。广东广播"九频一网"的公益行动惠及的群体从新生婴儿到耄耋老人，从大学生到脑瘫、自闭、失明的特殊儿童，活动足迹从广州延展到粤西、粤北、粤东各个地区。《寻找向上的力量》作为"大爱有声"公益行动的一个传播窗口和平台，积极宣传"大爱有声"公益行动中鲜活、感人的故事，宣传先进公益人物积极的人生追求、高尚的思想境界。

《寻找向上的力量》栏目寻访普通好人，倾听故事，记录感动，分享感悟，以他们的精彩故事立体形象地展示行进中国。栏目以平实的视角讲述广东平凡好人的精彩故事，以平凡好人的"小故事"折射出社会主义核心价值观的"大道理"。栏目充分发挥广播的特点，传播"广东好人"的感人故事，弘扬他们的崇高精神，让更多的人知晓他们、崇尚他们，让更多的人从他们身上汲取道德力量，做良知的守护者、传承者，进一步巩固主流价值观，倡导人们向社会、国家献出自己的关爱，倡导新风正气，激发人们在道德和情感上的共鸣，推动社会形成正向机制，让崇德向善的美德传得更远，营造岭南大地积极培育和践行社会主义核心价值观的良好社会氛围。

通过《寻找向上的力量》的宣传报道，我们体会到，社会主义核心价值观的宣传要与社会生活紧密结合，要善于发现社会生活中的闪光点，用心挖掘社会真善美，"小故事"也能做出"大文章"。作为一家地方广播媒体，《寻找向上的力量》能在众多栏目中独树一帜，得到社会认可，主要缘于我们广东广播电视台新闻广播多年来一直秉持的社会责任感以及打造品牌节目的理念。近年来，我们紧跟社会脉搏，以发展崇德向善的社会文化为己任，积极传播社会主流价值观，弘扬美德善举，倡导社会新风，在促进社会形成奋发向上的良好风气、推动社会主义核心价值体系建设等方面做出我们自己的努力。《寻找向上的力量》专题报道，正是广东广播电视台新闻广播宣传社会主义核心价值观的生动写照。

崛起的声波

——广东广播文艺创作 2014 年度述评[1]

张蔚妍[2]

回顾 2014 年，引人注目又蔚为壮观是广东广播文艺创作的显著特征。在这一年中，广东广播人用接地气的广播文艺作品向社会现实发问，用声音艺术的张力、思想的重量和情感的浓度征服听众，传播着多元的文化娱乐信息，构成现代广播一个重要的文化传播平台。让我们细数这一年里广东广播文艺声波中令人难忘的文化景观，也借此回顾广东文艺广播的成长历程。

一、守住广播公益之魂

以"珠江模式"引领全国广播电台风气之先的广东人民广播电台，2014 年迎来开播 65 周年，并以大爱的名义凝聚声音的力量，用广东广播的整体形象和叠加的传播力办"看得见的广播"，掀动社会公益热潮，引发了广东广播"崛起的声波"现象。

2014 年 4 月，广东广播电视台挂牌成立，原隶属广东人民广播电台的各频率以"爱心接力"的活动方式，如广东新闻广播的"大爱有声·母乳爱"慈善音乐会、珠江经济台的"大爱有声·打工者之梦"全省巡演、羊城交通台的"大爱有声·文明出行在羊城"特别活动、音乐之声的"大爱有声·圆特殊孩子音乐梦想——追梦天使艺术团成立暨首场音乐会"、城市之声的"大爱有声——长幼同乐爱心随行"、文体广播的"大爱有声·爱心公益音乐行"、股市广播的"创未来大学生公益创业大赛"、珠江网络传媒的"大爱留声——有声读物公益传播"、南粤之声的"大爱有声·为

---

① 收录于《中国广播文艺论文选》（新华出版社 2015 年版）。
② 张蔚妍，广东广播电视台新闻广播副总监、主任记者。

爱同行——关注自闭症儿童和西部缺水地区儿童"公益行动等，集中呈现了广东广播"大爱有声"大型公益活动的规模。

其中较为突出的主题活动是 2014 年 10 月 20 日晚在广州蓓蕾剧院举办的"美文美声欣赏会"。这场文学作品欣赏会以配乐朗诵、情景歌舞、讲述故事等方式，呈现了"感怀河山之美""感念人文之美""感悟爱情之美""感恩时代之美""感动大爱之美"五个篇章，由广东广播播音主持人与话剧演员联袂朗诵《枫桥夜泊》《再别康桥》《咏梅》《雨巷》《青春万岁》《中国情结》等一批经典名著名篇，其思想性、艺术性和欣赏性都达到了相当高的水平，出现了近年来广东省内朗诵欣赏会少有的一票难求的景象。

"大爱有声"活动在广东广播的舞台火起来，不仅因为它兼具明星效应、品牌效应，更因为它守住了广东广播的公益之魂，在喧嚣浮躁的娱乐时代中不媚俗，其对待广播艺术的虔诚精神令人钦佩。它不仅被定格为2014 年"看得见的广播"舞台上最美的文化景观，也显示出广东的广播艺术正在迎来又一个繁荣时期。

二、反思社会现实的担当

对社会现实的反思，是广东广播文艺工作者的责任担当。广播剧是最能反映社会现实的一种广播文艺形式，也是广播文艺中最具感染力的戏剧作品。广东 2014 年制作播出的广播剧内容丰富，形式多样。

广东广播电视台珠江经济台的系列剧《以案说法》是一个系列微型剧，选取社会影响力大、听众关注度高、观点争议性强的法律案例，每天演绎一个现实题材的新故事。如以复旦研究生投毒案为蓝本的《带毒的青春》、反映打车软件引起出租车和乘客纠纷问题的《打车软件》、根据广州市"安全岛"的夭折弃婴案创作的《安全岛》等，这个系列剧将涉及法律的新闻事件戏剧化，让相关人物角色化，立体再现具体情境。麻雀虽小，五脏俱全，该系列剧向听众展示了广播人对现实社会问题的反思，以沉潜求实的姿态和引人入胜的戏剧叙事来呼唤法律的正义和人的良知，表现出强烈的社会责任感和忧患意识。

系列滑稽小品剧《大吉利车队》是羊城交通台的老品牌，2014年的代表作品有《廉政专柜》《整蛊短信》《打击对手》《停电婚礼》《贼仔也裁员》《立功德碑》等，将当天最新鲜的新闻、时事通过吴稳阵、毕美丽、蒙博士、毛仁爱、吴讲德、口水坚、型仔强七位剧中人物，用原汁原味的粤语方言演绎，诙谐幽默，针砭时弊，时效性极强，多年来一直是司机和的士乘客追捧的节目，收听率及市场占有率稳居广州地区同时段节目首位。

广东广播电视台2014年制作了不少精品广播剧。例如，《飞天》是一部表现中国第一位女飞行员爱国情怀的单本剧，由珠江经济台制作，以主旋律、大题材和演绎考究、制作精良获得了第十四届中国广播剧研究会评选金奖。儿童剧《官塘村的孩子们》揭示了农民进城务工之后农村面临的各种矛盾，突出反映了不容忽视的儿童教育、儿童健康成长等社会问题，获得2014年广东省委宣传部"五个一工程奖"、2014年中国广播剧研究会评选金奖①。小品剧《寻找中国原子弹之父》由羊城交通台制作，该作品视野开阔，对中国成功引爆原子弹的历史给予回望，更是对青海金银滩原子城为"两弹一星"事业奉献了青春的建设者们的歌颂，凸显了广播人的家国情怀和现实担当。②

三、传承文化的使命

对中华优秀传统文化的传承，是广东广播文艺工作者的历史使命。弘扬中华优秀传统文化，弘扬中华美学精神是上至政府部门倡导、下至普通百姓呼唤的一种精神需求。广东广播文艺工作者抓住时机，创作了一批以弘扬中华优秀传统文化为题材的作品。

广东广播电视台新闻广播张蔚妍、高娜、麦伟平主创的广播文学节目《千古圣贤 还原本相——吴礼权历史小说〈镜花水月：游士孔子〉赏析》就是其中一个代表作品。2014年是孔子诞辰2 565周年，作者对孔子的人

---

① 对十四届专家奖儿童剧和超长剧的点评——熊生民．（2014－09－29）．http：//www.cnr.cn/gbyj/yuebao/201409/t20140929_516531465.html.

② 童琳．广播剧的发展现状分析——以湖南人民广播电台为例．艺海，2014（1）.

生轨迹以及儒家礼学的思想通过细节和片段进行重新编辑，其间以情景对话的演绎、戏剧性场面的声音呈现、诗经歌曲《大雅·大明》的创作，在表现形式上加入了丰富的广播元素。由推介图书跃升到对孔子大同世界理想的审视，铺陈展开对春秋战国时代人文历史的深度挖掘，给听众带来了与以往不同的听觉体验。

由广东广播电视台城市之声录制播出的66回长篇小说《赵匡胤》，由85岁高龄的粤语讲古大师林兆明播讲。这部有声小说原著是尧子创作的《赵匡胤：大宋王朝开国皇帝》，描绘了赵匡胤从少年罹祸到建立大宋王朝前后几十年的军政生涯，反映了五代后期至宋朝初年那一段从乱到治的历史画卷，充满历史的厚重感。林兆明"满台众生相，全凭嘴一张"，用粤语方言对小说进行再创作，运用了大量粤语地区的民间成语、谚语、俗语和大众化的生活语言，并借鉴戏曲中的一些表演技巧，对原著进行加工润饰，讲究语言的韵律和节奏感，用妙趣横生的声音塑造了赵匡胤以及小说里的众多人物。[①]

四、传播心声的流线

2014年的广东广播文艺创作除了宏大叙事之外，还涌现了大量具有纪实品格和人生睿智的作品。这些作品在历史和现实之间寻找着人类的真善美，表达了深厚的人文关怀和现代生活情趣。

其中突出的代表是广东广播电视台音乐之声的文学节目《最美的阅读在于想象——鉴赏及浅析小说〈少年Pi的奇幻漂流〉的想象力之美》。它在对原著的欣赏和解析中，以独到的见解引领听众去阅读，将电影与原著巧妙融合，加以音乐的衬托与修饰，使整个节目显得流畅、自然。另外，音乐之声的综艺节目《咱的广府真精彩》、音乐节目《海鹰飞翔——著名作曲家李海鹰跨界音乐作品赏析》；城市之声的文学节目《怎一个痴字了得——一代讲古大师林兆明》，两部都市爱情连续剧《手足无醋》《爱无双》等，风格新鲜多样，生活情趣信手拈来，让人看到了年青一代广播人

---

① 黄天骥. 广州的"讲古". 广州日报，2014 – 07 – 02.

的艺术追求，这种努力实际上是用"现代的语感，独特的形式"改变着以往大题材作品在广播文艺消费市场上包打天下的局面。

五、根植于岭南文化

广东广播文艺自诞生之日起，就一直从岭南地域文化、地方戏剧艺术和文化中汲取着养分，在传播地方文艺的同时，也丰富了自身的传播内容与亲和力。尽管近年来各种娱乐方式不断涌现，但广播戏曲节目依然是广东广播中较受听众欢迎的广播文艺形式。

南方生活广播的《粤韵晨曲》、城市之声的《雄标的天空》都是开办了超过10年的戏曲节目，紧贴粤剧演艺界的最新动态，要么着重讲述戏曲故事，要么是以漫谈为主的广播戏话，要么邀请名伶大家和文化名人做嘉宾访谈。《粤韵晨曲》在2014年播出了一批质量考究、数量可观的戏曲专题节目，有戏曲欣赏，也融戏曲故事、戏曲人物、戏曲文化于其中。南方生活广播依托《粤韵晨曲》节目，每年定期举办"红船星辉"戏曲名家系列见面会，2014年5月20日在广州中山纪念堂举办的"粤韵飞扬会知音——红船星辉二周年晚会"，邀约粤剧表演艺术家登台表演，与听众互动，这个活动在戏迷与名家的沟通中产生了链条效应，展示了粤剧艺术家的风采，有力地弘扬了岭南传统文化。

2014年12月8日，为纪念粤剧艺术大师红线女逝世一周年，南方生活广播与珠江经济台都播出了获得中国广播电视协会广播文艺工作委员会评选一等奖的纪念专题节目《红线穿古今 痴情写春秋——追忆粤剧红派表演艺术创始人、粤剧大师红线女》。这个作品以一代粤剧艺术大师红线女驾鹤西去为切入点，展现了她一生对艺术的热爱和追求，作品以其珍贵的音响资料、精良的制作、流畅的叙事手法让人百听不厌。

广东广播电视台珠江经济台制作的戏曲故事《啊，红船》是根据广州粤剧院2014年首演获得成功的粤剧《梦·红船》改编而成，讲述抗日战争年代，粤剧艺人在国难当头之际没有苟且偷生而是奋起抗敌的故事。这个节目把粤剧广播化之后，故事脉络更清楚，广播的声音特点更突出，更有利于听众认识广东粤剧的历史。

六、期待深度与高度

2014 年，广东的广播文艺节目和"看得见的广播"活动繁荣发展，在表现出稳定性与多元化的同时，也有一些值得进一步思考的问题。就整体而言，经过改革开放 30 余年的探索，达到了一种稳定的状态，这是广东广播文艺逐渐走向成熟的表现。但站在艺术创作的本质意义立场看，对获奖的关注令作者们或多或少忽略了市场的方向，单一的、同质化的题材脱离了听众的需要。具有原创意义的、真正打动听众心灵的、具有较强震撼力的作品依然缺量，未能满足听众的需求。

主旋律的题材创作是值得肯定的，但是，如果一些主旋律的选题明显是为了政府的奖项或"五个一工程奖"而创作，频繁改编先进人物的优秀事迹、重大事件或是历史题材的重现，可能会使作品在创作的道路上越走越窄，也令作品缺少听众所需要的新鲜感。当作品为了主旋律而创作，会导致创作时用力过猛或意识太强，过度重视思想性的体现，无法做到思想性、艺术性、欣赏性的统一，将展现主旋律变成了向听众说教，使作品的艺术性失了分寸，达不到应有的效果。

如果只是选择了重大题材，而忽视了故事、人物和细节的真实性，作品就难以吸引听众，可能只会让听众"吐槽"。如果只是按照传统的思维定式去衡量真实性，而缺乏丰富多彩的生活体验，以此提炼故事、人物和细节的真实性和创新性，作品就难以打动听众。一部只听开头就可以猜到结尾，甚至能猜出台词对白的广播文艺作品，不管演绎技巧和录制技术有多高，也是不可能"走心"的，更不可能得到听众发自内心的认可。以广播剧为例，目前依然存在大部分剧本故事过于简单，题材多为表现主旋律；表现形式较为单一，除了单本剧就是儿童剧；广播剧生产没有形成阵容；大多数频率没有广播剧的固定播出时间；制作成本高，缺少听众群，市场化步伐比较慢等不足。

广播文艺作品要创新，首先，要开拓创作题材。题材的多样化，是时代发展的需求，广播文艺既要关注主旋律题材，也要关注社会热点，贴近现实生活的各个领域，贴近人民大众的各个生活层面，乃至关注微博、博客、网络小说和畅销文艺作品等，让听众从广播文艺节目里听出时代感、新鲜感和亲近感，吸引更多的听众尤其是年轻的听众[①]。其次，要创新表现形态。打破一直以来的节目叙事模式，广播剧的创作可以尝试爱情喜剧、恐怖悬疑剧、歌舞剧、战争剧、科幻剧、动漫剧等。最后，要创新广播剧的生产机制，生产、创作上可以两条腿走路，一手抓精品、一手抓市场。抓精品，坚守广播剧的主旋律题材、精品创作意识，这是我们的责任与使命；抓市场，考虑大众文化的需求，这是广播文艺作品生存发展、焕发活力的保障。

七、结语

2014 年广东广播文艺创作呈现出多元化的面貌，犹如崛起的声波，奔放有力，深情庄严。我们可以听见广东广播文艺节目强盛的创作生命力，其整体水平在提升，艺术的突破和创新令人期待，并逐渐形成了一个创作题材多元化、语言风格多元化、文化思考多元化的创作态势。

广东新一代广播文艺创作需要时代的开阔视野，需要历史的深邃，需要作者的智慧与才情，同时也需要深厚的文化支撑，需要稳健从容的步履，需要不畏失败的探索。尤其是青年一代广播文艺工作者，他们代表着广东广播文艺发展的未来，更应注重艺术创作的想象力与创造力，在植根于深厚传统文化的基础上，努力创作出具有原创意义的广播文艺作品。

我们期待，广东有更多有思想深度做支撑的、具有原创意义的广播文艺作品出现。

---

① 王思霁. 浅谈广播电台文艺节目如何创新. 中国传媒科技, 2013（6）.

融媒语境下的广东广播粉丝经济初探[①]

柯 绮 郑 琼[②]

流火般的七月，户外热浪滚滚，广东广播的线下活动也是热火朝天，一场接一场到处开花。

广东广播新闻中心联合广东新闻广播、珠江经济台走进全国水果之乡高州，在沙田镇设置直播室，主持人带着听众粉丝来到果园吃龙眼，果农现场面授如何快速识别真假储良龙眼。

当天，广东广播和当地商家一起启动"沙田储良龙眼电商首发式"。而在广州的大街小巷，羊城交通台的"千人定向穿越广州"线下活动也吸引了大批听众粉丝的热情参与，在线上，大量用户通过手机，进入"羊城交广汽车俱乐部"微信公众号和荔枝 FM APP 参与互动，赢取奖品和公益红包，引爆了广东广播的收听率和各个公众平台的点击量。

身处"互联网+"时代，作为广播媒体，如何利用自身优势，与新媒体融合，着意培植并有效利用广播粉丝团，线上线下结合发展粉丝经济，打造成为广东广播一个新的经济增长点，这是我们作为广播媒体人正在不断探索和实践的课题。

"新媒体的发展是革命性的，它改变了传统媒体发展的固有格局。能否适应这种革命性的变化，顺利实现传统媒体的自我涅槃，走向全媒体发展，是未来一个时期传统媒体在传播与经营上能否保持可持续发展的关键。"[③] 在传统媒体与新兴媒体融合的问题上，国内媒体都在探索，未来的

---

① 发表于《南方广播研究》2016 年第 5 期。

② 柯绮，广东广播电视台广告经营管理中心副主任；郑琼，任职于广东广播电视台广告经营管理中心。

③ 广东广播电视台台长张惠建谈媒体融合.（2015－05－08）. http：// www. mediacircle. cn/？p＝22761.

媒体将以什么样的方式生存发展，怎么经营？应该说，目前在实践和探索上还没有比较成功的案例，在理论上也少有令人振奋的研究成果。

本文试从媒体在融合形势下对粉丝经济的理论探索、实践运作等方面进行阐述，旨在面对当前新媒体快速崛起的严峻形势下，探讨广播经营的新路子，我们的思考及实践主题在打造广东广播粉丝经济，拓展广播营销新天地。

融媒体形势下粉丝经济的理论探讨

一、被忽略的广播粉丝经济

过去我们在讨论媒体传播的一般对象时，都简单地用"受众"的概念，对热心关注广播媒体的人，我们常称之为"热心听众""忠实听众"。在传统意义上，后一类受众群体一直是我们舆论引导和广告营销的对象主体，在特定体制下曾经长期处于垄断地位的主流媒体人不屑谈粉丝，长期以来，我们广播的广告营销也忽略了粉丝及其中隐藏着的强大粉丝经济。

目前，国内在分析粉丝经济及粉丝类型时，主要着眼于明星粉丝、"网红"粉丝、网络文学粉丝、二次元粉丝等几种类型，而遍布各家各户的广电粉丝几乎没有被提及，看下面这份 2015 年粉丝分布统计资料：娱乐明星粉丝 43%，"网红"粉丝 28%，网络文学粉丝 17%，二次元粉丝 8.5%，其他 3.5%。[①] 我们查询到不少有关粉丝分布的统计资料，有一个很明显的事实就是，广播粉丝未见被提及，这其中的主要原因是广播自身长期以来忽视对粉丝的培养、管理，以及对粉丝经济的营销意义认识不够。

世界上有这样一群人，他们爱偶像胜过爱亲人、爱自己，为了心中喜爱的明星而疯狂，为其花费金钱、精力，有的甚至搭上性命也在所不惜，这些人统称"粉丝"（英文 fans 的音译名，原意为"狂热爱好者"）[②]。

粉丝经济以情绪资本为核心，以粉丝社区为营销手段增值情绪资本。

---

① 刘芳鸣. 打造"粉丝经济" 促进"粉丝产业"健康发展. 经济师，2008（5）.
② 张嫱. 粉丝力量大. 北京：中国人民大学出版社，2010.

粉丝经济以消费者为主角，由消费者主导营销手段，从消费者的情感出发，企业借力使力，达到为品牌与偶像增值情绪资本的目的。①

不管论者怎么定义，通俗地讲，粉丝经济是通过粉丝一系列消费活动来实现的。作为传统媒体被新媒体强烈冲击下的营销，尤其是"只有声音传播，没有荧屏影像"的广播，若要巩固地盘、赢得更多商家及消费者，目前比以往任何时候更需要培植我们自己的粉丝团，打造粉丝经济。

二、亟待重视的广播粉丝经济

从营销学的角度看，粉丝经济是产生效益最直接的方式。大多数人对粉丝经济的印象还停留在"追星族"的阶段，然而，随着消费升级和社会观念的变化，如今的粉丝经济有了更广泛的内涵、更丰富的表现形式，渗透到更多领域。比如广播领域，在融媒体形势下，我们的营销是否可着意培植粉丝团（客户端群体），从而更有效地打造我们的粉丝经济？我们有多才多艺、听众闻其才艺而很想一睹其风采的栏目主持人，我们有声情并茂、观众闻其声而渴望见其人的播音员，我们有对各行各业熟知的意见领袖型的解说员及嘉宾，还有积年累月打造出来的主流媒体品牌强势影响力等优势，只要善于培植，巧妙运营，我们也能拥有自己强势的粉丝团（客户端群体）。一旦拥有这个强大的粉丝经济载体，我们便可以通过关注粉丝的需求、经营粉丝文化，推动粉丝经济，最终实现广播营销收入，从而创造一个新的经济增长点。

其实，在西方国家，早在20世纪90年代，粉丝经济就已经初显端倪。英国学者西尔斯（Matt Hills）观察到，在从"广播"到"窄播"的媒介工业转型中，忠实的粉丝变成了最有吸引力的消费者。电视台如果想盈利，不必追求最大数量的普通观众，只需要保证一定数量的最忠诚的观众。

西尔斯的说法相对于那些行业性比较强的媒体是不无道理的，比如新闻广播、股市广播、羊城交通台、珠江经济台、音乐之声、文体广播等，

---

① 转自湖南创无限移动互联网科技有限公司的一份报告。

我们就是要办好这些具有专业特色的广播电台，不求"高大上"，但求能办成独树一帜且广受关注的特色电台，不惜代价培植在特定领域或行业中能凝聚大量粉丝听众的主持人以及嘉宾明星，制造和迎合特定人群的"死忠粉"，然后经营好这个粉丝团，这才是最有效的营销手段。

三、广东广播粉丝经济的粉丝现状

媒体在融合形势下，特别是在雨后春笋般涌现的各类自媒体、新媒体的冲击下，广播人不得不重新审视自己，各类自媒体、新媒体在与我们争天下、分蛋糕，为了生存发展，为了经济效益，我们不得不放下架子，捋臂揽衣下海加入捕捞之争。在新形势下，广告营销的内容结构早已发生了新变化，其中一个最明显的现象是从"远观""远听"到"参与""体验"的功能转换，这个现象对广播而言，强调的正是线下活动。

"以往的劝服式广告关注点是消费者与产品的关系，……广告通过内容信息实现劝服效果，激发消费冲动；如今的参与式广告关注的是购买与消费的场景，是通过社交媒体的参与分享，达到'我就是'的广告效果。……消费者与产品、品牌的关系更为密切，实现价值的双赢与双现。"①

毫无疑问，新形势下这类参与式广告营销呼唤广播等传媒应尽快建立起自己的粉丝团，要有甘愿在追捧对象上花费大量时间、精力和金钱的铁杆粉丝。他们的参与消费构成了粉丝经济的主要价值源泉。

广东广播较早地关注粉丝经济，近年来努力培植自己的粉丝团，但目前的粉丝团队伍还有待壮大，就 2015—2016 年广东广播各频率、各部门官方微信公众号粉丝量的统计数字来看，人气最旺的南方生活广播到 2016 年上半年也不到 14 万人，其他人气较好的依次为新闻广播（7 万多人）、羊城交通台（5 万多人）、股市广播（4 万多人）。

总体上，目前我们的粉丝量还远远不够。当然，从客观上分析，微信公众号粉丝量的统计数字只能作为本文分析的一个参考，不能作为广东广

---

① 丁俊杰：广告的"新"变化. （2016－07－15）. http：//mp. weixin. qq. com/s？src = 3&timestamp = 1510107815&ver = 1&signature = gX5i6Nxehfm1nYhfrsOiognMLO3VgV3R5nsrtOQM6uNwUB Mz3nEqr80ebUX5a3UuMYYdc3czA11MQgnyv3buCXKSAip7CUpyTwSFMfQRV4o58xlc4k4SSlpdtGu0aw ＊FQ HrPHyyzYMtwyIYTqkZoD4p9r9MXMK9bOUQUUGyNQh4 =.

播粉丝的完全统计数字，大量忠实听众没有添加我们的微信公众号，因此没有被纳入上述统计。

较为乐观的是，近年我们的粉丝数量呈增长的态势，其中，新闻广播的粉丝数量2016年4月比2015年10月增幅达到331%，优悦广播URadio增幅达到82%，说明在融媒体形势下，我们没有流失粉丝，反而受到更多的关注，说明受众还是需要广播，看好广播的，粉丝经济还是大有前途的，我们应该对此充满信心。

下表提供了广东广播各频率的粉丝数统计及增长情况，可供参考。

广东广播各频率、各部门官方微信公众号粉丝数统计表

频率/部门	微信公众号	粉丝数		增长
		2015年10月28日	2016年4月14日	
珠江网络传媒	广东电台	40 892	39 497	−3%
声报	声报	—	282	
广播新闻中心	686新闻工厂		1 372	—
新闻广播	广东新闻广播	16 585	71 442	331%
珠江经济台	珠江经济台	23 865	30 822	29%
音乐之声	广东广播电视台音乐之声	9 846	12 039	22%
城市之声	广东广播电视台城市之声	7 156	9 081	27%
南方生活广播	南方生活广播	120 653	138 143	14%
羊城交通台	羊城交通广播电台	46 226	51 466	11%
文体广播	广东广播电视台文体广播	1 663	2 219	33%
股市广播	投资快报股市广播	46 029	47 675	4%
	财富放送	—	29 341	—
南粤之声	优悦广播URadio 1057	12 983	23 568	82%
	1057俱乐部	—	59 894	—

融媒体形势下的广东广播粉丝经济实践

广播人利用主持人的号召力，通过活动聚集粉丝，引爆线下的参与热

情，从而带动广播的粉丝经济。在探索中我们不断获得新的启示，粉丝经济正成为拉动广播发展的动力。

一、股市广播利用口碑营销引爆活动现场

粉丝经济的基石是信任，因此口碑很重要。口碑营销是指企业在品牌建立过程中，通过客户间的相互交流将自己的产品信息或者品牌传播开来。股市广播王牌节目《股市第一线》，以直播股市为特色，资深主持人陈胜、吴有毅在节目中对市场的专业点评和精准把握使股民受益良多，两位主持人也以专业优势在珠三角地区赢得了很高的人气。股市广播其他节目嘉宾阵容也非常强大，有经济学家、资深证券分析师，也有知名私募基金经理等，人气也高涨。例如，《对话私募》的嘉宾冯志坚近期几次活动现场都会被热情的听众围住。

股市广播的口碑在线下活动中不断扩散，听众群、粉丝群越滚越大，即便收取门票，听众、粉丝仍然风雨无阻，场场爆满。现在，股市广播几乎每周都举办两三场活动，近期就有高端互动活动"云天海股市论剑"；有广告客户联合主办的"2016 股权投资高峰论坛暨二季度投资策略报告会"等；还有"走进上市公司"系列活动，不但带领听众走遍国内，而且可远赴美国参加巴菲特股东大会。股市广播牢牢抓住粉丝，实现广播与市场的高度结合，得到广告客户和听众的共同认可。粉丝效应不可设计，但可因势利导，为他们提供更多参与互动的方式。

二、音乐之声、珠江经济台打情感之牌，做营销之事

情感营销就是把消费者个人情感需求作为企业品牌战略的营销核心，借助情感包装、情感广告、情感设计等策略来实现企业的经营目标。

情感如同"水"，看似柔弱，却无处不流，无坚不摧。一个企业，要让你的服务和产品与情感挂钩，使消费者喜欢你、信任你，你就能够成为市场的成功者。广东音乐之声主持人林颐因做娱乐节目而著名，他深谙这个道理，在广州天河体育中心举办的"林颐演唱会"，粉丝云集，场场爆满，正是有这批铁杆粉丝的支持，林颐才敢在体育馆开办大型演唱会。可

见，听众和粉丝的情怀是广播节目及活动长盛的保障之一。

广东广播另外一个案例——珠江经济台《风云再汇》节目众筹成功也是主持人通过打感情牌获取听众和粉丝支持的一种检验。《风云再汇》是一档由主持人黎婉仪与财经专家共同打造的财经清谈节目，创立至今已超过 10 年，收听率一直保持同时段领先地位，集聚了不少忠实听众（粉丝）。2015 年，台里决定拿这档节目做尝试，以"用户是否愿意付费"来决定节目是否继续播出。

《风云再汇》在互联网上以众筹方式筹集未来一年的节目制作费用，消息一出，众筹圈、传媒圈都表示极大的兴趣。《风云再汇》节目的支持金额从 88 元到 26 400 元不等，用户可获得节目全年会员、活动的优先邀请、留座，可获得"风云午餐分享会"的入场券，与节目主持人面对面交流等。

最后这档只在每周六晚上播出一小时的财经广播节目，只用了 13 天，通过众筹方式成功吸引了 1 410 位用户付款，募集到了一年的节目制作费用888 976 元，开创了中国广播节目众筹成功的先河。可见，《风云再汇》已经集聚了不少人气，拥有了很多忠实粉丝，让这些人愿意不计回报地支持节目继续播出。

三、城市之声以"双 11"为契机，拉动事件营销的马车

事件营销具有受众面广、突发性强，在短时间内能使信息达到最大、最优传播的效果，为企业节约大量宣传成本等特点，近年来迅速成为国内外流行的一种公关传播与市场推广手段。

城市之声在抓事件营销上做得颇为出色。2014 年 11 月 11 日城市之声和珠江网络传媒共同策划制作购物节目《双 11，一听即发》，在这个节目中，城市之声跳出传统广播活动的思维，尝试推出一个全新的广播节目新模式，将广播、网络、电商平台融合在一起，形成"广播＋网络＋电商平台"三位一体，充分利用微博、微信、转发帖子、手机秒杀抢购等多种手段渲染、提升活动的影响力，实现打造品牌、扩大频率影响、获得社会效益及经济效益双丰收的多赢局面。"双 11"当天，广东广播淘宝店的全天

访问量为 81.639 万，有超过 8 万人参与了节目。其中移动终端访问占 68%，电脑端访问占 32%，而成功购买的订单中，有 92% 是来自移动终端。

四、新闻广播通过听众抢红包，实现体验式营销

体验营销由于采用了让目标顾客观摩、聆听、尝试、试用等方式，让顾客实际感知产品或服务的性能或品质，从而促进营销。它带来的效果往往超出期望，因此最受欢迎。

2016 年 2 月 4 日至 14 日，以及 2 月 22 日元宵节，广东新闻广播推出了"10 天 + 1 天"的"金猴贺岁新春喊红包"活动，抢占了南方广播上空"喊红包"的"头啖汤"。活动得到海量广播听众和微信用户的积极响应，掀起了一股"听广播、刷微信、喊红包"的热潮。活动信息有效覆盖人群近千万，派出现金和代金券总量超过 40 万份，红包总值超过 4 800 万。广东新闻广播"喊红包"活动派送总金额大、持续时间长、参与人数多、商家参与积极性高、社会反响强烈，活动效果大大超出预期。这是一次传统广播媒体转型的突破，是广播融媒实践的一个缩影和成功案例。

广东广播线下活动风起潮涌，由于粉丝的热情参与和广告客户的热烈响应，各频率办活动的热情更高，"百位名医进社区""财经铁三角粉丝见面会""为强者点赞""高州难说再见""2016 年白云山郑仙诞旅游文化周"等接连不断的活动吸引着听众和粉丝的眼球。正是广东广播人对粉丝经济的重视与实践，初步统计，2016 年广东广播各频率线下经营活动全年增加了 4 900 万的经营收入。

我们可以看到，在传统广播广告不断减少的今天，广播如果能够巧妙应用各种营销方式策划活动，各频率携手发力，立足于本土文化，利用主持人群体的号召力，开发出一批能够吸引听众和粉丝参与的活动营销模板，不断创新，联合厂家、商家进行宣传促销，让客户收获到实实在在的广告效果，媒体和客户双方实现共赢，这也是我们探索广播粉丝经济的意义所在。

值得一提的是，从营销学的角度看，让粉丝经济变现，获得盈利是我

们的最终目标。那么如何变现呢？以下再谈一谈我们在这方面的实践。

首先，有广告公司代理的广播频率应与其代理公司进行紧密合作，共同开发频率的用户群，实现增值。羊城交通台在 2016 年 3 月 26 日组织的首期"1052 滴答滴超级星期六万人杀价选车会"，当日成交车辆 512 台，签单总成交额过亿元；4 月 30 日第二期"1052 滴答滴超级星期六万人杀价选车会"继续火爆，总计 3 000 多人到达现场，订车量达到 416 台，总成交额再次过亿元。参与活动的消费者都是通过广播、微信被吸引来的，是典型的听众向用户转变。

其次，自营频率要充分利用现有的资源，实现增收。目前广东广播有些频率还是以自营广告为主，按照现有的经营模式，想实现广告收入的增长显然非常困难，我们摸索出一条有利于频率经营创收的新路子。以南方生活广播为例，南方生活广播多年来已经构建了一个庞大的中老年人粉丝群体，南方生活广播的微信公众号目前已有约 14 万粉丝，如何充分利用这个群体开发它的产能？2016 年，该频率举办全球微粤曲大赛，广播人主动为客户派发产品，有效扩大产品的影响力，令客户十分满意，同时频率也获增收。这种利用现有资源实现增收，也是广播频率实现增值变现的有效途径。

结　语

不少论者认为，粉丝经济是一种由精神需要引发的经济类型。它满足的不是人们的基本物质需要，而是因为心理需要、精神需要引起的消费需要。诚然，粉丝之所以成为粉丝经济的一分子，强烈的认同感是第一推动力，也是最牢固的黏合剂。粉丝经济在各个领域的表现，都建立在这种认同感集合之上，尊重并真诚地对待粉丝（用户），是赢得他们认同的前提。

有人戏称，中国最早的意见领袖孔子，就是靠"粉丝"捧红的。孔子的 3 000 名"粉丝"中，用今天的网络语言说就是"大 V"有 72 名，孔子老师"述而不作"，叹口气都有人疯狂转发。"粉丝"不仅给孔子缴学费、送腊肉，还帮孔子出版图书。

总的来说，粉丝经济的发展势不可挡，如今，粉丝身上蕴藏着巨大的能量，可以说，谁掌握了粉丝，谁就拥有了金矿。谁的粉丝数量大，谁的市场占有率就高；谁的粉丝黏性大，铁杆粉丝多，谁的品牌就有更持久的发展力。

粉丝经济已经成为一道独特的营销风景线，广东广播以用户为导向，汇聚自身拥有的资源，提高粉丝的转化率，让粉丝经济变现，把粉丝经济打造成为广东广播新的经济增长点，最终实现广播传播效果及广播广告营销的双丰收。上述是我们对广东广播融媒实践与探索的小结。在融媒语境下，我们已经迈出了自己的第一步，对未来的广播广告营销，我们有更多的期待。

新媒体时代的广播发展趋势及营销策略探索[①]

李珊萍　曾智文[②]

最近，国家新闻出版广电总局印发了《关于进一步加快广播电视媒体与新兴媒体融合发展的意见》，其中提到，广播电视媒体与新兴媒体融合是大势所趋。新兴媒体的快速崛起，使广播的发展面临着巨大的挑战，广播必须重新找到自己的定位，找到突破口，寻求新的发展机遇。媒体融合发展是传统媒体的转型方向，也是新兴媒体的发展机遇。广播如何与新兴媒体融合，进行自身的蜕变？本文将探讨进入新媒体时代后广播的发展趋势及经营营销策略的转变。

一、听众—用户—粉丝

传统广播的受众就是听众。收听节目也是一种消费行为，消费的是广播产品，听众首先是广播产品的用户。进入新媒体时代后，广播听众将逐渐被用户取代。当广播把听众当用户，把节目当产品，就意味着要从用户需求的角度生产、销售产品，并提高用户参与度，全方位提升用户体验，广播节目作为根据用户需求所设计的产品，其商业价值就会被凸显出来。

听众变粉丝是我们要求变现的长久途径。主持人通过广播产品，不断满足用户需求，搭建一个社区群，在社区群上许多用户有很多的互动，从而形成强黏性社群，进而变成我们的粉丝，打造主持人自己的用户圈。知名的主持人一举一动在融媒时代上容易引起互动、转发、点赞和参与，因此有的电台主持人率先走入市场，可以成为推动媒体传播市场化最活跃的群体之一。

---

①　发表于《南方广播研究》2017 年第 2 期。
②　李珊萍，任职于广东广播电视台广告经营管理中心；曾智文，广东广播电视台广告经营管理中心广播制作科科长。

153

以前靠"卖"时段来赢得客户，现在依靠"卖"节目产品来赢得长远发展。

主持人黎婉仪的财经清谈节目《风云再汇》在互联网上众筹一年的节目制作费用，以"用户是否愿意付费"来决定节目是否继续播出。短短13天宣告成功募集到88万多元，将节目影响力由电波延伸至新媒体和地面，通过"'风云再汇'节目联谊会""风云微信群互动""风云午餐分享会"等方式，带给听众有价值的财经前沿资讯、深度交流投资心得，打造属于《风云再汇》节目的财经社交圈。

结合互联网金融和资本市场，提升广播的盈利能力，从向广告商收费到向用户收费的转变，很好地解决了"如何向用户收费"的问题。本项目的最大亮点在于深度挖掘广播节目资源优势，然后将互联网金融概念有机植入，利用成熟的众筹平台，为电台节目盈利开创新模式。

一个能备受用户青睐的节目产品必然会得到广告主的关注，一旦节目得到社会的关注，其产品就有了商业价值。

不过，广播融合新兴媒体的发展方式中，众筹只是其中一种，其他如广播和电商融合、广播的用户经营、主持人工作室的建立等，都是很好的实践。

尹铮铮工作室以跨广播、电视和网络等多个平台的节目主持人尹铮铮为核心，以内容生产与外部运营为主体，依托广播、电视以及网络，吸纳社会合作力量，共同打造声音、视频和文字等多种综合新闻、资讯和评论类节目，并将节目内容产品化、市场化，同时以市场思维模式在新闻产品生产与平台之间，寻求渠道发展空间，打造全新的广播传媒运营模式。目前，尹铮铮工作室和中国人寿广东省分公司等五家企业的合作总额已超过300万元。

尹铮铮工作室、黎婉仪财富管理工作室等初涉节目销售，尝试广播节目市场化运作，通过培养自己的品牌主持人去吸引受众，利用其个人魅力和声望形成较大的公众影响力和号召力，并吸引高忠诚度的粉丝群体，这些无形的资产最终将成为变现的渠道之一。

工作室立足于专业性、权威性的内容生产，打破传统媒体传播平台的固化壁垒，在新媒体、全媒体、自媒体空前发展的环境下进行大胆试水，并最终实现媒体产品的市场效益。《老檀说车》《华哥读报》等工作室生产的产品，已成为移动资讯自媒体的品牌，吸引了广告主投放广告。

国家新闻出版广电总局印发的《关于进一步加快广播电视媒体与新兴媒体融合发展的意见》提到四个转变：广播电视节目向产品转变，观众听众向用户转变，分类传播向协同传播转变，传媒服务向现代传媒及综合信息服务转变。传统广播正努力朝着四个转变的方向而实现自身的蜕变。

二、广告产品数据化、销售精准化

全球畅销书 *Marketing to the social web：how digital customer communities build your business* 的作者拉里·韦伯在 2012 腾讯智慧峰会上认为，大数据时代已经来临。而随着大数据时代的到来，广告主对精准营销的需求也正在上升。如何通过技术手段，挖掘大数据下的深层次关系，让营销更精准、有效，已经成为广播广告营销的新方向。

大数据时代下，融合媒体的发展为程序化购买提供了条件。广告主原来对收听率、覆盖率的购买，转向程序化购买。程序化购买已经从互联网平台延伸至电视、广播、报纸、杂志等平台，对目标人群和流量覆盖进行精准分析和定位。广告主的程序化购买改变了传统媒体经营模式：一是按目标人群进行精准投放广告，需要 DSP（需求方平台）公司掌握庞大的、实时的、交互的数据流量，对听众进行精确分析，并且通过技术手段或平台按照听众偏好投放广告。二是与 DSP 公司建立战略联盟，助推传媒数字化转型和数字媒体经营创新。

广播要有好的经营，必须要对数据有充分的理解与应用，广播经营要有新的突破，除了寻找媒体融合、产业化发展以外，还需要挖掘数据，进行数据营销。

大数据时代改变了广告形态，用户获取广告的渠道越来越多，我们根据用户的兴趣爱好，适时、适地地向用户推送相应广告。这种推送甚至可以依据地域定向、性别定向、场景定向来投放。了解用户需求投放的效果必然比非精准广告投放更好。

新媒体时代，覆盖率和精准度是衡量一个媒体的影响力两个必不可少

的标准。其中精准营销实现了一对一的营销，设计的产品充分考虑了用户的个性需求，提升产品的竞争力，从而为广告主创造了更大的产品价值。在提供优质产品的同时，精准营销更注重服务价值的创造，努力为用户提供优质的销售服务，方便用户购买。浙江交通广播微信公众号目前拥有 96 万粉丝，根据受众的精准定位，每天定制化推送三次消息。另外，精准营销通过一系列营销活动，努力提升自身形象，培养用户对企业的黏合性。

三、布局全新入口，拓宽广播传播渠道

传统广播是通过无线电波发送的方式传播的，受到地域与时间的限制。在移动互联时代，广播的传播渠道发生了很大的变化，在发挥广播即时性、伴随性优势的同时，广播把触角伸向了新媒体。特别是开发广播APP，广播把新媒体的移动化、社交化和微型化的特点收为己用，拓展了广播的生存空间。广播 APP 依托网络平台，为用户提供更多的收听选择和用户体验，不再受到地域和时间的限制，通过网络化的编辑方式将海量资源传递到用户手中。2015 年北京广播台开发了新的广告增长点——听听FM 移动终端，全年销售额达到一亿多元，主要涉及汽车后市场、餐饮、娱乐和家居等行业。

伴随着移动互联网的迅速发展，APP 日趋成为人们获取信息的重要平台，越来越多的受众开始通过 APP 收听广播节目。

上海广电 SMG 公司推出的阿基米德 APP，把传统广播和互联网社区结合起来了。广播不是拿来听的，而是被使用了，用户到 APP 平台互动，根据自己喜好"用广播"，还可以利用新媒体的移动性、社交性、玩广播建立自己的圈子。

广播媒体不但推出自己的 APP，还入驻各类 APP 平台，如考拉 FM、蜻蜓 FM、喜马拉雅 FM、荔枝 FM 等在移动客户终端上处处可见广播媒体的身影。广播通过多样化的平台扩大传播渠道、丰富传播手段、提升传播效果，如中国之声入驻搜狐新闻客户端。从媒体大融合趋势看，以手机为代表的移动终端日益成为用户有效使用的工具，如何在这一新的入口和平台抢占一席之地，对广播的长远发展具有重大意义。

四、线上线下营销服务一体化新格局

线上做节目传播，线下搞活动壮大线上传播的影响力。广播通过实现媒体资源的跨界融合和跨界营销，建立起以广播用户为核心的用户数据库体系，既帮助广告主实现了精准化营销，又极大地拓展了媒体经营的空间。羊城交通台的《1052 超级星期六》拉动加盟商户消费，2 515 名听众用户在 APP 报名参加第一期"1052 滴答滴超级星期六万人杀价选车会"，由主持人做团长，收集用户购车信息，与用户一起到 4S 店直接购车，成功帮 4S 经销商售车 512 台，当天成交额超过 1 亿元。

线下活动与广播线上广告紧密结合，为电台创造了无限增值的机会，广告主不但投硬广，还投推广促销活动，这为电台带来更多的收益。当媒体走向移动终端、信息走向共享、用户走向社交时，传统活动营销模式已无法满足市场及广告主的需求。除坚持线上线下联合开展营销活动外，广播媒体也通过多媒体平台联动，走向与新媒体融合的专业化道路。广播电台在实现自身创收的同时也为用户提供有偿服务，并扩大了活动的影响力。

以股市广播的财经节目为例。线上与各证券所的股评专家进行股市分析，线下每年举办的各种活动超过 60 场。"走进上市公司"系列活动，组织投资者去云南、贵州、上海、深圳等地的上市公司进行调研考察参观，如茅台、恒生电子等；巴菲特之旅，组织投资者参加一年一度的全球投资盛会巴菲特股东大会，近距离接触、聆听股神巴菲特的投资箴言，同时还走访谷歌、英特尔、苹果等世界著名企业，参观纽约交易所；举办股民学校（股市培训班）：两天课程课时费达 19 800 元；"翻倍黑马"股市讲座，每次参加人数近 80 人。节目打造的权威性主持人陈胜，也开始尝试开班授课，已经成功推出三期课程，平均每期 30 人，反响很好，已拥有自己的铁杆粉丝。培训班的收入已成为频率收入的重要来源之一。广播通过挖掘新媒体优势，策划线下的各种投资活动，既提高了品牌知名度，也取得了较好的经济效益，令客户满意的同时效益也显现出来了。

为了加快推进媒体融合的工作，按照广东省委宣传部的部署，以南方报业集团所控股的 21 世纪报系全部媒体资源与广东广播电视台旗下南方经

济科教电视频道、股市广播频率等媒体为核心的资源进行战略重组，将成立国有控股的文化企业"南方财经全媒体集团"，大力推进新媒体产业的资本发展之路。

五、互联网技术和移动互联网技术是广播与新媒体的融合基础

习近平总书记强调，要加快传统媒体和新兴媒体融合发展，充分运用新技术、新应用创新媒体传播方式，占领信息传播的制高点。融合发展为广播等传统媒体的转型升级提供了更多可利用的技术手段、传播渠道、创新平台与发展资源。以先进技术为支撑，在融合发展中打造广播传媒的新优势。

1. 在传输终端上

传播方式从单向向双向的转变。广播是大众媒体，传播的方式是单向的、点对面的，你播我听，没有反馈，没有参与，没有互动。而新媒体的传播方式是双向的，点对点，多对一，多对多，用户既成为信息的发布者，也可以成为信息的参与者，并且用户之间可以进行互动。

接收工具由单一向多屏的转变。互联网技术和各种终端的发展，使广播接收方式由收音机转变成为手机、平板、电脑、智能电视等新兴媒体并存的多样化接收途径。广播将节目产品输送到互联网和移动互联网，广播的传播渠道和接收终端越来越多元化，越来越细化，传播方式开始走向多屏化、多终端化。接受方式也从固定走向移动。用户通过随身携带的手机、MP3 等就可以收听到本地甚至全国乃至全球的广播电台节目。

2. 在传输技术上

广播电台的节目产品靠无线电波传播，发射效果影响受众的收听效果。

新媒体是依托移动通信技术、移动互联网技术、云计算技术、物联网技术、大数据技术等新兴科技向用户提供信息服务的一系列新工具或手段。随着新技术的发展，我们进入了网络时代。据中国互联网络信息中心（CNNIC）发布的报告：截至 2013 年底，我国网民数量达 6.18 亿，其中手机网民规模达 5 亿，随着近年来 4G 网络的普及，尤其未来 5G 技术的成

熟，网络用户将会呈爆发式增长。

3. 在收听采集数据上

目前绝大多数广播电台是通过抽样调查的方式来采集广播频率的收听率、市场占有率、千人成本等方面的数据的。抽样调查用的样本是从总体中抽取一部分样本进行调查，产生误差是不可避免的。在新媒体的大数据时代，可以通过自己的网站、APP，以及其他平台的 APP、用户来访点击记录，网页浏览习惯、手机 GPS 定位作为数据记录下来。美剧《纸牌屋》就是利用大数据的精准分析用户喜好而取得成功的例子。

在维克托·迈尔—舍恩伯格及肯尼斯·库克耶编写的《大数据时代》中的大数据，具有"4V"特点：Volume（大量）、Velocity（高速）、Variety（多样）、Value（价值）。大数据的四个特性，为广告精准投放提供了数据支持。

六、结语

广播在媒介互通、万物互联的时代要继续发展，必须从内容生产、资本运作、运营管理等方面不断创新。经营用户、培养粉丝是我们生存立足之本，差异化也是办好广播新媒体的关键。广播在共享经济的引领下，与新媒体融合，共享平台、共享数据、共享通道、共享资源、共享社区、共享收益，并借力新媒体，实现传统广播的全新蜕变。

参考文献

［1］栾轶玫. 融媒体传播. 北京：中国金融出版社，2014.

［2］谢少常. 新媒体管理：从战略到布局. 北京：电子工业出版社，2016.

［3］腾讯传媒研究院. 众媒时代. 北京：中信出版社，2016.

［4］LARRY WEBER. Marketing to the social web：how digital customer communities build your business. Chichester：John Wiley & Sons，2007.

［5］维克托·迈尔—舍恩伯格，肯尼斯·库克耶. 大数据时代. 盛杨燕，周涛，译. 杭州：浙江人民出版社，2013.

还"拉广告"? 是做广告、造营销

——对广播广告经营现状的一些思考①

刘茵林②

广播广告是一盘生意，做生意的理想局面是双赢。"拉广告"，是一方为主、一方为副的做法，做广告则需要资源共享、共同进步的思维方式。在广播电台已经成为广播媒介平台的今天，希望在广告市场上继续分得一大杯羹，广播广告需要认真考虑的是如何用好新媒体，制订新的营销方案，有效地经营各种广播资源，同时赢得社会效益与市场效益，开创广播的新天地。

一、以开放的科学发展观念，积极联动各类媒体，让广播电台成为广播媒介平台，丰富广播广告的发布渠道

与时俱进的改革创新是保持媒体强大生命力的法宝，只有与社会同时进步、不断改革创新，才能保持媒体的强大生命力。

单一的、处于弱势的媒介，要争取到广告赞助，确实是旧意识上的"拉广告"，甚至也只能做到"拉广告"，因为没有强劲的数据支持，是难以跟广告主平等共享资源的。只有被广泛认可的媒介，资源丰富、渠道畅顺，才有本钱与广告主共享彼此资源，达成双赢格局。今天，单一媒介已无法满足客户的需求，需要立体发布广告信息，才能在最短时间内赢得最大的广告效应。传统广播有一个明显问题，就是听众只能听其声，但在互联网时代，作为电台，以自己为龙头，立体地实现各媒介的联动，是可为之事，经过策划与联动，用好声音资源的不可替代性，就有自己的立足之本。4G 时代的到来，广播不是被排挤，而是需要提高经营要求，要用好

---

① 发表于《视听》2015 年第 1 期。
② 刘茵林，广东广播电视台城市之声广播频率节目监制、记者、主持人。

4G技术和渠道，就要做到每一期播出的节目皆为精品，经得起反复聆听；每一个广告都要声声入耳，过耳不忘，不然，对不起高保真传输系统。当大众乐于用4G技术下载收听电台时，我们已不用担心发射距离及效果了。此时，我们更需要做的，是让广播电台成为广播媒介平台，拥有更多信息发布量和发布渠道，做好节目，做好广告，直至每一条发布的信息都是精心的制作。

传播渠道扩大后广播营销将更加顺畅，广告经营将呈现立体局面，多媒体配合、自媒体的运用以及高保真信号的传送，让广告主的广告得以通过声音、画面、文字、视频等形式在传统的广播渠道和人传人的自媒体渠道进行发布，形成新型的营销策略，使广播广告也进入一个新的时代，即以声音为中心并有多种表现形式的新型广播广告，创造一个新前景。

此时，我们需要建立一支善用多媒体资源的精英队伍，全面开发广播平台的经营。

二、确保电台公信力，建立绿色频率，优化资源组合，用好新媒介，实现社会效益和经济效益双丰收

商业时代，注定媒介需要实现社会效益和经济效益双丰收。公信力、文化含量、发布质量，这些都是构成强势媒介的重点要素，对广播而言，建立绿色频道，是提升收听率的保证。

一个定位不清晰、内容质量低下的媒体，必将影响其公信力，尤其当有坚持走绿色媒体道路的同行做比较时，最直接的后果就是增加了自己的广告经营难度，影响电台收益，所以，取消质量低下的节目是必需的，谁都更愿意接受一个公信力十足、娱乐性极强、内涵丰满、贴心服务的媒介；同时进行的，将是优化整合资源，不断创造新的广告设计及广告发布形式，立体发布广告。短时间内，当微博的热度尚未减退，微信已以势不可挡的姿态风靡全国，微信朋友圈的广告效应，因更多的友情信任，变得事半功倍，这是一个值得重视的新的广告发布渠道。

2014年"双11"当天，广东广播城市之声联手兄弟平台珠江网络传媒，利用其淘宝店铺，进行了一次广播与网络的实际联动和营销，两个单

位的全体人员全程运用微信这一自媒体，参与活动，以极快的速度极大地扩充了传播途径，弥补了广播未能覆盖的范围。2014年11月12日，来自浙江日报旗下专业网站传媒圈，发布了评论《双11，聪明的媒体做些啥》，客观报道了城市之声这次的创新举措，引起各界的极大关注和轰动。这样的跨界合作，从声音、文字、图像、视频等方面，立体地传播了这个活动，参与的赞助商也收获了意想不到的效益。这是将电台营运作为媒介平台的成功实践，让我们看到了广播的营销前景。

三、三军未动，粮草先行，健全的管理制度和经营奖励制度，是确保顺利拓展市场、积极发展企业的法宝

今天，我们已经进入以制度与流程管理、发展企业，创造财富的时代。为其保驾护航的，将是一系列科学的经营、管理政策。

制定好经营规章制度，包括管理制度和经营奖励条例，将有效地规范经营。对内，有序管理业务人员，提高业务队伍的经营水平；对外，给予客户统一的形象，提高信誉度，关键是各种完善的规章制度可以尽量规避误会、空子、短线操作等弊病。强调以制度与流程管理企业，不是否定团队作战精神，恰恰相反，有了完善的制度与流程，将使团队中的分工更明确，资源得到合理的分配和运用，减少内控和内耗等人为因素，提高效率和效益。

健全的经营奖励制度，是确保经营队伍稳定、企业良好运作和发展、产品理想销售的关键，保底与激励，在销售领域中从来都是必需的。保底薪酬，让企业网罗到相应的经营精英，稳定军心，队伍流动性不会过大；但只有激励型的奖励制度，才能更有效地做到优胜劣汰，保障销售的可持续发展，相对而言，层级递进的奖励机制较为合理。

四、活动、节目、主持人、广告发布渠道，软硬实力齐头并进，打造广播品牌

多年的实践证明，只闻其声不见其人的传统广播模式早已落伍，现在是敞开式广播的年代，走进社区、登上殿堂、占据互联网，通过不同形式

的多元化活动，让听众重新认识广播，也让广播的资源、人员得到最大限度的运用和锻炼，关键是广告以最短的时间立体地到达受众面前并被认识，让广告合作伙伴赢得立体的广告宣传效应。

老牌活动《音乐先锋榜》年度颁奖典礼、横跨 2013 年和 2014 年的电台巨献——"大爱有声"大型公益活动等，随着互联网的发展，在宣传渠道上紧跟潮流，用心使用各种新型媒介，让项目在短时间内更全面、更有效地深入人心，同时收获社会效益和经济效益，而这些活动项目的成功，让广东广播赢得四方赞誉。这方面，城市之声的表现很突出，短时间内就被听众认识且接受了，也获得了"看得见的电台"的美誉。今天，它明确了要针对私家车人群推出"驾游广东"系列活动，就从线上到线下同时铺开宣传，每一次活动都得到听众的热捧，做到报名快捷、透明，未能参与活动的朋友也可以通过网上宣传和视频，了解活动过程，这个项目在赢得更多私家车主忠实听众的同时，也赢得了汽车品牌客户的认可，包括宝马、别克、奥迪、奔驰、本田等汽车品牌以及多个汽车销售商，都成了城市之声的广告客户。

电台在一系列深入社会的活动中赢得声誉与知名度，同样，主持人在参与、组织活动的过程中，也将得到更全面的锻炼和提升，包括自身的知名度和实力。提高主持人的知名度在新型的广播广告市场上是很有必要的，明星效应带来的广告到达率，将成为广告客户选择广播媒体的考虑指标之一，当然也是广播媒体提高竞争力的重要指标。

从人员到载体的装备越来越强，有利于创造一种良性循环的营销局面。

五、重视对老客户的维护，以此为基础拓展新客户

根据国际上关于广告成本的研究，寻找新客户的展业成本是联络老客户的 5 倍，而老客户对公司的贡献，累计是新客户的 16 倍。

因此，为确保低成本、高效益地经营广告业务，必须在尽心尽力维护好老客户业务的前提下，拓展新客户，这样在有效地保障了常规的业务成交量的同时，也能不断扩充业务渠道，让广告收益稳步上升。

如之前在城市之声投放广告的三雄电器、金嗓子喉宝等品牌，连续多年特约报时或套餐，其间双方以信任为基础，专业、熟练地进行沟通，广告得以顺利地播出，让业务人员有更多的时间开拓新的业务渠道和客户目标，老客户长期的支持，保证了电台的基础收益，这种长期客户还可以成为电台的宣传招牌，增强新客户的信心，吸引新一轮广告投放。这是实现电台、客户、业务经理三赢的买卖。

在客户维护方面，有一个对内管理的建议：归口、定人管理。签约单位相同的同一个客户，停播超过 6 个月后，可以重新由另外的人跟单，其间，还是由原来的业务经理跟进、深度拓展；对于定向投放的客户，如一些一年一度的赞助客户，则建议在停播一年后再做考虑。

让我们努力创新，从根源上消除"拉广告"的想法；积极提升能力，形成做广告的局面；与时俱进，不断扩大、整合新的媒介平台，打造广播平台，创造新的营销思路和体系。

后 记

这些年，互联网的快速发展，正在改写和颠覆人类原有的生产生活方式，各行各业都面临着互联网化的生存与变革问题。曾经被称为"无冕之王"的媒体人，发现自己变成了一个诚惶诚恐的"菜鸟"。而在当今这个时代，谁又不是"菜鸟"呢？

拥抱科技，适应改变，坚持融合创新发展，成为摆在媒体人面前的不二选择。笔者有幸入选广东省第三届宣传思想战线优秀人才"十百千工程"第一层次人才，并获得广东省财政专项资金的支持，于是，开始了一个"菜鸟"的奋力学习之旅。由笔者牵头，先后成立了广东广播电视台广播新闻中心、广播宣传管理部的新媒体课题小组，主要研究课题就是传统广播的转型和融合发展之路。而笔者身边的同事们，也在奋力求新求变，并且做出了可贵的探索，由此取得了可贵的现实案例，现将这些思考和实践结集成书，记录广东广播人在这个大时代里的作为，将成为一件有意义、有价值的事情。

感谢广东广播电视台副台长曾少华对本书出版所给予的指导，感谢广东广播电视台副总编辑、南方财经全媒体集团总编辑赵随意所给予的建议，感谢广东广播各频率同事们的大力配合，使得这本书得以顺利出版。互联网仍然处在"开端的开端"，广播人肩负着历史的责任。借用世界著名科技杂志《连线》主编 Kevin Kelly（凯文·凯利）的一句话，为本书作结——"今天确实是一片广袤的处女地。我们都正在'形成'。这在人类的历史上，是绝无仅有的最佳开始时机"。

钟翠萍

2017 年 9 月 4 日